내 성공은 내가 디자인한다

석세스 플랜

석세스 플랜

글 · 김영한 | 카툰 · 최윤규

이 책은 성공을 꿈꾸는 당신에게 최고의 멘토가 될 수 있도록 기존의 책과 다른 형식으로 구성되었습니다. 아래 설명을 통해서 이 책의 전체 구성을 이해한 후 자신에게 맞는 도구가 되도록 활용한다면, 당신이 꿈꾸는 성공은 성큼 다가올 것으로 확신합니다.

● 프롤로그 이 책에는 인간관계와 성공학을 주제로 특유의 상상력과 카툰을 결합시켜 인생과 성공의 메시지를 전달하는 최윤규 작가의 카툰이 수록되어 있습니다. 각각의 카툰에는 마음을 파고드는 강력한 메시지가 담겨 있습니다. 카툰을 보는 동안 마음 한구석에 방치해 두었던 성공의 열정을 다시 불태워 보시기 바랍니다.

● 1부 나의 성공학 여기에는 성공을 꿈꾸는 사람들에게 필요한 성공학 이야기가 가득 담겨 있습니다.

'성공한 사람들의 평범했던 시절은 어떠했을까?'

'나는 과연 성공의 조건을 갖추었을까?'

'성공을 방해하는 자기모순은 무엇이며 어떻게 해결할까?'

그동안 당신이 궁금하게 생각했던 의문들에 대한 해답을 얻게 될 것입니다.

● **2부 나의 성공 계획** 여기에는 당신이 꿈꾸는 성공을 실현하기 위한, 당신만의 성공 계획을 만들 수 있도록 도와주는 내용이 담겨 있습니다.

'성공을 향한 나의 비전은 무엇일까?'

'비전을 실현하기 위해서 어떻게, 무엇을 해야 할까?'

이러한 의문에 대해 구체적인 해답을 얻을 수 있도록 당신의 멘토가 되어 줄 것입니다.

● **온라인 멘토링 서비스** 2부에 수록된 내용은 자신만의 석세스 플랜을 직접 만들어 보도록 구성되어 있습니다. 하지만 석세스 플랜을 만들어 가는 과정에서 누군가의 도움이 필요할 때가 있을 것입니다. 필자는 그러한 독자들이 직접 멘토링을 받을 수 있도록 이 책의 출간에 맞춰 웹사이트를 오픈합니다. 필자는 '석세스 플랜(www.successplan.kr)' 을 방문하는 모든 분들에게 멋진 멘토가 되어 드릴 것입니다.

이 책을 읽은 후 당신만의 '성공 계획서' 를 만들어 보세요. 이 책이 독자 여러분께 성공의 디딤돌이 될 수 있기를 기원합니다.

김영한

Contents

^{Sucess} ^{Plan} 2부 석세스 플랜 만들기

에필로그

부록

카툰 메세지

계획이 현실이 되게 하라

카툰 · 최윤규

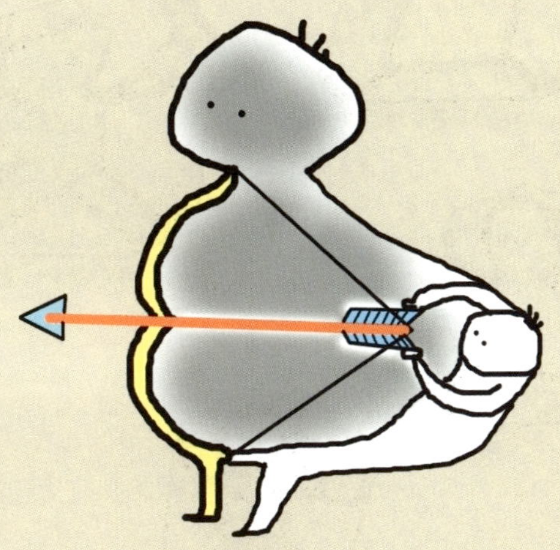

변화가 싫어서 자기 틀 안에 갇혀 사는 사람들!

변화가 싫어서 자기 틀 안에 갇혀 사는 사람들!

버려라!

맛을 보는 '혀'가 생명이라면
술과 담배를 끊어야 하듯이
당신의 꿈을 이루기 위해
포기해야 할 것이 있다면
지금 이 순간 과감히
떨쳐 버려라.

그리고
마지막 힘을 다해서
빠져버린 열정의 코드를
다시 꽂읍시다.

계획이 현실이 되게 합시다!

길을 잃는다는 것은 곧 길을 알게 된다는 것이다!
포기하지 말자.
길이 없다!
돌아가야지.

최초의 한 바퀴를 돌리려는 노력이
위대한 결과를 만든다!

우리의 삶은 어제가 아니라,
어제를 해결한 오늘이 중요하다!

자네는 성공할 재능을 가지고 있는가?
예!
있다면 왜 성공하지 못했지?
……
그건, 자네 마음속을 들여다보니…….
자네 스스로 성공할 수 있다는 것을 믿지 않았기 때문이네.

당신은 자신을 믿습니까?

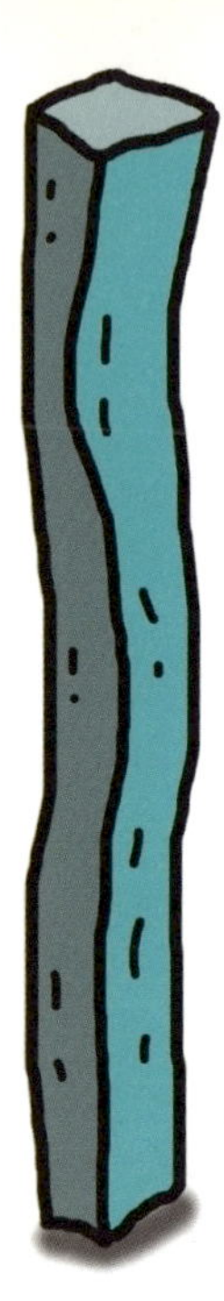

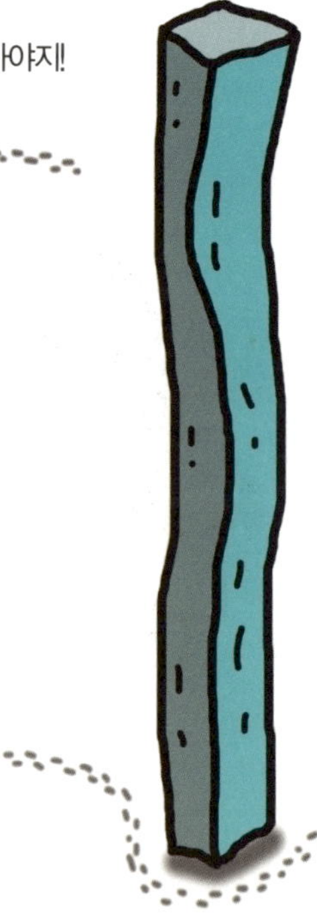

음······!
나를 가로막고 있는
문제가 엄청 높군.
······.
······.
그렇다면 돌아가야지!

다른 사람들이 원하는 사람이 될 것인가?
자신이 원하는 사람이 될 것인가?

스스로 가려듣고
스스로 결정하는 사람이 됩시다!
운명을 만듭시다!

어떤 자세로 인생을 대하고 있습니까?

"오늘이 어제의 재탕은 아닌가?"

뚱 누면서
전화까지 받아야 하는 사회……
그렇게 바쁘게 사는 이유가 뭔가?

당신은
어떤 단어로
구성되어 있나요?
할수있다.ok
긍정의 힘. 내가먼저
우리함께. 팀웍. 솔선수범
미래. 희망. 꿈. 시간관리. 준비성
하면된다. 사랑. 비전. 목표의식. 계획
희생정신. 사명감. 의욕. 열정. 도전의식.
모험. 기업가 정신. 창조적 사고. 동기부여
실행. 적극적 행동. 안되는 것은 없다. 겸손
양보. 세계를 향한 큰 포부. CEO의 마음자세
부하직원 의욕 높이기. 철저한 자기개발.의지
가족사랑. 회사일을 내 일 처럼. 믿음
신뢰와 봉사정신. 독서능력
안정적 사고. 규칙적인 생활
모범이 되는 행동과 양식

당신은
주로 어떤
말을 사용하나요?
나는 못해.NO
부정적 사고 방식.불평
불만. 실천하지 않는다. 의욕없음
왜 내가 해야 하지? 제 일이 아닌데요.
포기. 좌절. 나락. 고통.고난. 무사안일주의
불규칙적 생활. 나태함과 게으름. 마지못해함
월급만 받으면 돼. 월급이상으로는 일 안한다.
내가 뭐 사장인가. 동료와 어울리지 않기. 불신
잘난척 하기. 모험하지 않기. 뒤로 빼기. 왕따
모난돌 되기. 내일로 일 미루기. 책임감없음
저절로 잘 되겠지.어차피회사일이야
희망이 없다. 하루살이인생
이웃과 단절된 삶. 성과없음
혼자서 잘먹고 잘 살기

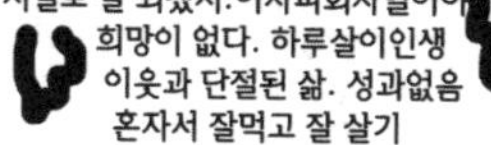

이 세상의 모든
물음표를 다
모아 놓았는데도,
아직도 모르겠네…….
내 문제가 뭐지?

자기모순의 틀을 깨라!
고정관념의 틀을 깨라!

내가 나의 비전과 등 돌리고 서 있으면,
다시 만날 때까지 인생을 한 바퀴 돌아야 한다.
뒤 돌아서 마주 보면 금방 만날 수 있는데…….

바람이 불지 않을 때 바람개비를 돌리는 방법은
앞으로 달려가는 것이다.

원하는 환경을 찾을 수 없다면 그 환경을 만들어라.

10대의 고민

20대의 좌절

30대의 노력
40대의 투혼
인생……
굴곡이 있어
더 아름답습니다.

눈을 맞지 않기 위해 처마 밑으로 피했다면……

언제 다음 장소로 옮겨야 할지
빨리 결정해야 한다.
안전하다고 여기는 지금이 가장 위험하다.

익숙해져 있는 자아에서 탈피하라!

새로운 것을 보는 것만이 중요한 게 아니라
모든 것을 다른 눈으로 보는 법을
배우는 것이 더 중요하다.

마지막 성공의 화살······.
어디로 쏘지?

플래너에 적고 온라인으로 멘토링하라

성공을 꿈꾸는 사람이라면 누구나 한두 권쯤 읽어 보았을 만큼, 이 세상에는 성공학에 관한 책이 수없이 많습니다. 또한 인터넷에 접속하면 성공을 주제로 다루는 카페나 커뮤니티가 셀 수 없을 정도로 많습니다. 특히 성공에 대한 열망이 강한 사람들은 적극적으로 성공학 카페에 가입해서 강의도 들어 봅니다. 그러나 듣는 순간에는 "아, 나도 저렇게 하면 되겠구나!" 하는 생각이 들지만, 이내 잊어버리고는 평소의 습관을 버리지 못한 채 성공만을 꿈꾸며 시간을 보내는 사람들이 대부분입니다. 그래서 이 세상에는 성공한 사람들이 많지 않은가 봅니다.

그렇습니다. 대부분의 사람들은 다람쥐가 쳇바퀴를 도는 것처럼 열심히 노력하지만, 언제나 그 자리에 머물고 맙니다. 도대체 무슨 이유 때문일까요? 필자는 여기에 두 가지 원인이 숨어 있다고 생각합니다.

첫 번째 이유는 기존의 성공학이 각 개인의 상황을 무시하고 모두 똑같은 이야기를 하기 때문입니다. 기존의 성공학을 가만히 들여다보면 나쁜 이야기는 하나도 없습니다. 이렇게 하면 잘 될 수 있다, 저렇게 하면 성공할 수 있다는 식으로 좋은 이야기들뿐입니다. 그렇다 보니 각자의 특수한 상황에서는 구체적인 실행 방법을 제시하지 못하고 그저 정신적인 위안이 될 뿐입니다.

두 번째 이유는 다람쥐가 열심히 뛰고 있는 궤도가 잘못되었다는 것입니다. '철망'이라는 고정관념에 갇혀서 잘못된 방법으로 쳇바퀴를 열심히 돌고 있는 것이지요.

이러한 두 가지 원인을 알고 나면, 기존의 성공학은 자신의 문제 상황을 해결하는 데 그다지 도움이 안 된다는 것을 쉽게 이해할 수 있습니다. 아무리 좋은 성공 메시지라 하더라도 개개인의 상황에 맞지 않으면 단순한 미사여구에 불과할 뿐입니다. 어떤 상황에서나 적용되는 획일화된 성공 방법은 존재하지 않습니다. 사람들마다 각기 다른 상황에 놓여 있기 때문에 '어떻게 하면 성공할 수 있는가?'라는 관점에서 보면 수천수만 가지의 방법이 있는 셈입니다. 가장 좋은 방법은 각 개인이 처한 상황을 파악한 다음, 그 사람의 특성과 상황에 맞는 성공 방법을 제시해 주는 것입니다.

지난 35년 동안 필자가 만났던 1,000여 명의 성공한 사람들 중에서 똑같은 방법으로 성공한 사람은 단 한 사람도 없었습니다. 그들은 각자의 개성과 특성에 따라 처한 상황이 달랐으며, 창조적인 생각으로 자신들만의 성공 방법을 찾아낸 것으로 확인되었습니다.

대부분의 성공한 사람들은 불과 몇 년 전만 하더라도 평범한 사람들이었습니다. 또한 성공한 사람들은 사람 자체가 다른 것이 아니라 생각이 달랐습니다. 그들은 자신이 안고 있는 자기모순이 무엇인지 알고 있었으며, 그것을 해결하기 위해 보통사람들 이상의 노력을 기울였습니다. 어느 누구도 성공에 필요한 모든 것을 가지고 있지는 않습니다. 즉 지식을 가지고 있으면 열정이 부족하고, 열정이 있으면 자본이 부족한 것처럼 말입니다. 그렇지만 성공한 사람들은 이러한 모순점을 창의적인 아이디어로 극복한 사람들이었습니다. 필자는 성공한 사람들이 어떻게 자기모순을 극복했는지 알아보려고 했지만 쉽지 않았습니다.

그 후 이런 저런 생각으로 몇 년이 흘렀고, 그 사이에 필자는 두 번의 실패를 경험하게 되었습니다. 필자는 성공한 사람들의 사례를 찾아보면서 실패의 원인이 무엇이고, 다시 재기하려면 어떻게 해야 하는지를 냉정하게 돌아보았습니다. 막다른 골목에 선 필자에게는 성공과 실패가 남의 문제가 아니라 바로 나 자신의 문제였습니다.

이 책 저 책을 뒤지던 중 필자는 40여 년 전에 보았던 칼릴 지브란Kahlil Gibran의 〈예언자Prophet〉라는 책을 다시 보게 되었습니다. 그 책을 펼치는 순간, 나를 실패의 늪에서 구해 줄 것 같은 구절이 한눈에 들어왔습니다.

"화살이 보다 빨리 그리고 보다 멀리 날아갈 수 있도록 온 힘을 기울여 그대들을 구부리고 있다."

'그래, 맞아! 화살을 멀리 날려 보내려면 먼저 활시위를 최대한 뒤로 당겨야 한다. 나는 그동안 내가 안고 있는 모순은 극복하지 않은 채, 성공이라는 허상에 도취되어서 엉뚱한 방향으로 화살을 쏘아대고 있었어.'

그렇습니다. 자신이 안고 있는 문제의 본질에서 모순 요소를 찾아내고, 그것을 해결하는 것이 성공으로 가는 지름길이었던 것입니다. 필자가 만났던 성공한 사람들의 성공 원리와 필자가 경험한 성공과 실패의 원리가 비슷하다는 생각이 들었습니다. 그리고 한 걸음 더 나아가 필자는 이러한 성공의 원리를 정리해서 성공을 꿈꾸는 사람들에게 전해 줄 수 있는 책을 쓰고 싶었습니다.

책을 집필하기로 마음먹은 이상 단순히 글로 정리한 책보다는 젊은 독자들에게 더 깊이 전달될 수 있도록 하려면 카툰북의 형식을 취하는 것이 좋겠다고 생각했습니다. 다행히 국내 최고의 카툰 작가인 최윤규 대표를 만날 수 있어서 이 문제는 해결되었습니다. 또한 필자는 책을 통해서 자기 모순을 찾아 해결 방안을 도출하는 데는 부족함이 있다는 판단 아래, 인터넷을 통해 쌍방향으로 커뮤니케이션을 할 수 있는 아이디어를 떠올렸습니다. 원고를 집필하는 동안 어딘가 1퍼센트 부족하다는 생각이 떠나지 않았는데, 우연히 〈주간조선〉의 '멘토 열풍' 이라는 기사의 제목이 눈에 들어왔습니다. 평소 멘토에 관심이 많았던 필자에게는 뜻밖의 소득이었습니다. 기사의 내용은 학습 멘토링 프로그램을 도입하여 성공한 어느 회사의 이야기였습니다. 그 회사에서는 학습 문제지와는 별개로 스스로 학습 스케줄과 공부 방법을 계획할 수 있는 '스터디 플래너'를 만들었고, 그것을 다시 온라인으로 멘토링을 해주고 있었습니다. 필자에게는 이러한 방식이 원고 구성의 힌트가 되었습니다. 즉 책을 이용해서 독자가 직접 석세스 플랜을 세우도록 하고, 그것을 웹사이트를 통해서 멘토링을 해주는 방식으로 결정한 것입니다. 집필 과정에서 1퍼센트 부족했던 아이디어가 '석세스 플랜'과 '멘토링'의 결합으로 완성된 것입니다.

교육학 분야에서 널리 인용되는 공자孔子의 말 중에 이런 내용이 있습니다.

"귀로 듣는 것은 쉽게 잊고, 본 것은 기억으로 남고, 체험함으로써 이해할 수 있다."

필자는 공자의 말을 이렇게 해석해 보았습니다.

"내가 본 것은 쉽게 잊고(책), 내가 쓴 것은 기억으로 남고(플래너), 내가 체험함으로써 내 것으로 만들 수 있다(멘토링)."

성공이란 쉽게 잡을 수 있는 것이 아닙니다. 책 한 권을 읽는 것으로, 성공한 사람의 강의를 한 번 듣는 것으로 성공할 수 있는 것이었다면 이 세상에 누군들 성공하지 못하겠습니까? 성공은 손에 쥐었다고 느끼는 순간에도 어느새 미꾸라지처럼 빠져나가기도 합니다. 하지만 읽고, 쓰고, 체험하고, 습관화하면 어느 순간 성공이 자기 옆에 와 있는 것을 느끼게 될 것입니다.

지금 여러분의 손에 쥐여진 이 책은 성공학 책인 동시에 성공을 계획할 수 있는 플래너이며, 성공 계획을 행동에 옮길 수 있도록 멘토링을 받을 수 있는 도구Tool입니다. 여러분은 이 책을 읽으면서 플래너에 기록하고, 플래너를 작성하는 동안 자신의 모순점이 무엇인지, 그리고 자기모순의 해결 방법에 대해 멘토링을 받고 싶으면 필자가 제공하는 웹사이트를 이용하면 됩니다.

이 책과 함께 당신의 멘토가 되어 줄 웹사이트 '석세스 플랜www.successplan.kr'은 당신의 성공을 가로막는 모순점이 무엇인지, 그에 맞는 해결 방안은 무엇인지를 알려 줄 것입니다. 따라서 당신이 이 책을 읽는 동안 자신만의 석세스 플랜을 작성하고, 멘토링을 받으면서 자신의 머리와 마음과 습관에 성공의 회로를 만들어 넣는다면 성공의 계단으로 올라가는 문이 활짝 열릴 것입니다.

김영한

Sucess Plan 1부

꿈꾸는 사람을 위한 성공학

왜 1퍼센트밖에 성공하지 못할까

내가 가진 것은 무엇이며,
나는 무엇을 잡으려고 하는가?

학력은 성공의 걸림돌이 아니다

불과 10년 전만 하더라도 '성공을 위해 가장 중요한 요소가 무엇인가?' 라고 물었을 때, 대부분의 사람들은 "많이 배워야 합니다!"라고 대답했습니다. 지금도 그렇지만 우리나라 사람들은 유난히 학력에 대한 집착이 강해서, 자녀들을 좋은 학교에 보내기 위해서라면 무슨 일이든 합니다.

이제는 옛날이야기로 들리겠지만, 우리나라가 산업화 과정을 겪던 시기의 부모님들은 가난해서 배움이 부족했고, 그로 인해서 출세하지 못했다는 생각이 강했습니다. 그래서 자식들은 무조건 좋은 학교에 보내려고 했지요. 또한 그 시기에는 좋은 학교를 나와서 공무원이 되거나 대기업에 취직하는 것이 가난한 사람들에게는 성공의 방식이기도 했습니다.

하지만 우리나라가 경제 성장과 함께 선진국 형 산업 사회로 변화된 오늘날, 기업 활동이 다양해지고 다양한 전문 분야가 생김으로써 좋은 학교에 들어가고, 공부를 잘하는 것만이 성공의 기회를 보장해 주지는 않습니다.

선진국 형 산업 사회인 미국에서 성공한 사람들을 보면 학력이 성공과 무관하다는 것을 잘 알 수 있습니다. 이 시대 최고의 부자인 빌 게이츠, 스티브 잡스, 마이클 델 같은 사람은 모두 대학을 중퇴하고도 세계 최고 기업의 CEO가 되었습니다. 이들은 좋은 기회가 왔다고 생각했을 때, 학력보다는 기회를 선택했던 것입니다.

빌 게이츠는 하버드대학 3학년 때 우연히 컴퓨터 잡지를 뒤적이다 개인용 PC가 개발되었다는 기사를 보게 됩니다. 당시는 대형 컴퓨터가 시장을 주도하던 때여서 사람들은 PC에 관심이 없었습니다. 그러나 빌 게이츠는 PC의 대중화를 예견했고, PC용 소프트웨어를 개발하면 크게 성공할 수 있을 것이라는 판단에서 대학을 그만둔 후, 친구들과 소프트웨어 개발을 시작합니다. 그들이 만든 회사가 바로 마이크로소프트이며, 지금은 세계 PC 소프트웨어 시장에서 95퍼센트의 점유율을 차지하고 있습니다.

애플 컴퓨터의 창업자 스티브 잡스는 대학 1학년을 다니다가 성적이 좋지 않자, 스스로 자퇴한 후 친구와 함께 PC 개발을 시작합니다. 이때 자신의 폭스바겐 자동차를 팔아서 만든 애플 컴퓨터가 세계 최초의 퍼스널 컴퓨터입니다. 당시 스티브 잡스는 청바지를 입은 10대 CEO로서, 일약 IT업계의 영웅으로 성장합니다. 지금도 세계에서 가장 영향력 있는 CEO로 인정받고 있지만, 아무도 그의 학력을 따지는 사람은 없습니다.

세계 최대의 PC 판매 업체인 델 컴퓨터의 창업자 마이클 델 역시 대학을 그만두고 자신이 좋아하는 일을 선택한 사람들 중의 한 사람입니다. 그는 의과대학에 재학 중이었지만, 의학보다는 PC 조립과 판매에 관심이 더 많았기 때문에 학교를 그만두고, 아버지에게 5천 달러를 빌려서 델 컴퓨터를 창업했습니다.

빌 게이츠, 스티브 잡스, 마이클 델은 모두 기회가 왔다고 생각했을 때, 미련 없이 대학을 그만두고 자신이 좋아하는 일을 선택해서 성공한 사람들입니다.

큰아들 녀석이 중학교에 입학한 후 처음으로 성적표를 받아 왔는데,
전체 평균 점수에도 미치지 못하는 성적이었다.
순간 화가 났지만 얼마 전에 들은 이야기가 생각났다.

큰아들이 다니는 중학교 1학년 학생이 전교 2등의
우수한 성적에도 불구하고, 엄마에게 시험 결과가 나쁘다고
야단을 맞은 후 옥상에서 투신한 사건이 있었다.

비록 성적은 보잘것없지만, 우리 아이들은 성적 때문에
자살하는 일은 없을 것이라는 안도감과 건강하게 살아있다는
행복감이 들었다.

지금 무엇을 잡고 있는가?
무엇을 잡으려고 하는가?

목표도 없이
좋은 성적,
좋은 대학,
안정적인 직장이
인생의 유일한
목적이라면
지금 이 순간
모든 것을 내려놓고,
자신의 가치관을
재정립해야 한다.

내가 잡으려고 하는 것이 무엇인지를
먼저 알아야 한다.
자신의 사명을 찾아야 한다.

좋아하는 일이 직업이 되게 하자.

경력을 맹신하지 마라

잠시 과거로 거슬러 올라가 보겠습니다.

전 국민이 어려움을 겪었던 IMF 외환 위기가 닥쳤을 때, 구조조정의 여파로 대기업과 금융기관에 근무하던 많은 수의 고급 간부들이 일시에 명예퇴직을 할 수밖에 없었습니다.

그들은 준비되지 않은 상태에서 갑자기 회사를 떠나 생존 경쟁에 뛰어들게 되었지만, 풍부한 사회적 경험과 인맥을 자신의 최대 강점이라고 생각했고, 이러한 인식을 전제로 거액의 퇴직금을 투자하여 자영업을 시작했습니다. 그들은 관리 능력과 자금력, 사회적 경험과 인맥 등의 경영 여건을 두루 갖추었다고 생각했지만, 대부분의 사람들이 실패하고 말았습니다.

그들이 실패할 수밖에 없었던 원인은 무엇일까요?

그들은 직장에서 경력을 쌓는 동안, 자신도 모르는 사이에 남에게 보고를 받거나 지시만 했을 뿐 시장의 현실을 제대로 몰랐으며, 스스로 해 본 일도 별로 없는 사람이 되어버렸던 것입니다. 즉 그들은 자신

도 모르게 관료주의가 몸에 배어 있었고, 고정관념에 사로잡혀 현실
적응력이 떨어졌던 것입니다.

그들은 경력이 화려한 만큼 과거의 품위를 유지하려면 일정 금액 이
상의 수입이 들어와야 한다고 생각했기 때문에 남 보기에 그럴듯한 일
을 쫓아갔지만, 막상 그 일을 수행해 낼 능력은 갖추지 못했던 것이지
요. 또한 모든 일을 과거의 화려했던 상황과 비교함으로써 현재의 상
황을 긍정적으로 받아들이지 못했던 것도 실패의 원인이 되었을 것입
니다.

경력이 많다는 것은 좋은 능력을 많이 가지고 있다는 점에서 장점이
되지만, 관료적 습관에 길들여져 있다는 점은 단점이 되기도 합니다.
경력자들에게서 흔히 볼 수 있는 직장에서 길들여진 나쁜 습관은 성공
을 이루는 데 전혀 도움이 되지 않습니다. 그렇다면 타성에 길들여진
나쁜 습관에 대해서 잠시 살펴보도록 할까요.

영화 '나누와 실라의 모험' 을 보면 아기 곰 나누는
지구 온난화로 얼음이 녹아서, 태어나면서부터 엄마 곰에게
배운 사냥 기술을 더 이상 사용할 수 없게 된다.
환경은 변화되었지만 거기에 적응하는 법을 배우지 못했기 때문이다.

10여 년 전만 해도 주산을 잘 하는 경리는 대접을 받았다.
현수막이나 간판 글씨를 잘 쓰는 기술자도 대접을 받았다.
손으로 설계를 잘하는 건축기사도 대접을 받았다.

그러나 이제는 환경이 달라졌다.
10여 년 전에 대접받던 간판업자나 설계사는 컴퓨터로 대체되었다.
그들의 경력은 더 이상 사람들의 관심을 끌지 못하게 되었다.

만약 당신의 10년 경력이 아무런 소용이 없어진다면 어떻게 하겠는가?

변화공포증

　기득권을 가진 사람은 변화를 두려워합니다. 왜냐하면 새로운 변화가 자신에게 불리한 영향을 미치지 않을까 하는 두려움에서 변화를 거부하는 것이지요. 하지만 환경과 상황에 따라 사고방식이나 행동 원칙에 변화를 주지 않으면 거대한 변화 속에 스스로 매몰되고 만다는 것을 명심하세요!

전례존중증

　조직 생활에서는 과거에 해오던 방식, 즉 전례前例를 존중하기 때문에 별 생각 없이 그대로 받아들이거나 전례가 잘못되었다고 생각하더라도 무의식적으로 동조하는 경우가 많습니다. 이러한 전례존중증에 익숙하다 보면 새로운 상황에 적응하기 위한 변화를 시도할 수 없게 됩니다.

정보비만증

디지털 기기의 발전으로 정보의 유통이 빨라지고 있으며, 기업에서는 사원들의 역량 강화를 위해 각종 교육 프로그램을 강화하고 있습니다. 이로 인해서 사람들은 정보의 양이 너무 많아져서 웬만한 정보는 이미 알고 있거나 어디선가 본 것 같은 지식 비만 현상을 겪고 있지요. 하지만 정작 본인은 자신의 문제를 해결하기 위한 지식과 정보가 빈곤하다는 것을 모르고 있습니다.

만성불신증

조직 생활을 오래 하다 보면 도움을 주는 친구가 많은 것이 아니라 오히려 경쟁자만 늘어납니다. 또한 조직 내부에서 승진하려면 다른 동료들과의 경쟁에서 이겨야 합니다. 게다가 기업의 평가 시스템은 절대 평가가 아닌 상대 평가 방식이라서 누군가는 나쁜 평가를 받아야만 내가 좋은 평가를 받을 수 있습니다. 우리는 겉으로는 협력하는 것 같지만 속으로 들어가 보면 서로 상대가 죽어야 내가 산다는 식의 경쟁과 불신의 세계에서 살고 있는 셈입니다. 이러한 나쁜 습관은 '경험' 과 '경력' 이라는 이름으로 포장되어 무의식적으로 내 몸에 들어와 쌓인다는 것을 명심하세요.

기술이 있다고 안심하지 마라

능력이 비슷할 때는 기술력이 차별화 요소가 됩니다. 그래서 기술을 가진 사람과 그렇지 못한 사람은 몸값이 달라집니다. 개인의 기술력은 '기술Engineering' 적 요소와 '스킬Skill' 적 요소의 두 가지로 구분할 수 있는데, 이 때 스킬은 몸에 익히는 기능을 말하고, 기술은 두뇌 활동에 의한 창조적인 능력을 의미합니다.

과거에는 기술을 가진 사람과 못 가진 사람의 차이가 상당히 컸지만, 정보화 사회로 바뀐 이후로는 그 격차가 빠르게 좁혀지고 있습니다. 인터넷만 접속하면 어디서든 고급 정보와 지식을 얻을 수 있기 때문에, 기술은 경쟁력으로서의 가치가 점점 약화되고 있습니다. 또한 기술이 뛰어나더라도 시장에서 인정받지 못하면, 아무리 뛰어난 기술이라도 성공의 발목을 잡는 경우가 많습니다. 다음 두 가지 사례를 통해서 뛰어난 기술이 성공과 어떤 관련성을 갖는지 살펴보겠습니다.

뛰어난 기술로 한 때는 성공했지만, 모조품이 대량으로 유통되면서 실패한 경우를 먼저 보겠습니다.

조금 지난 이야기지만, IMF 외환위기가 닥치면서 실직과 동시에 노숙자로 전락했다가 스케이트보드를 개발하여 성공한 사람이 화제로 떠올랐던 적이 있습니다. 기존에는 통판이었던 스케이트보드 발판을 두 개로 분리하여 운동성을 높인 독특한 아이디어였습니다. 그는 분리형 스케이트보드의 기술을 특허로 등록하고, '에스보드Essboard' 라는 이름을 붙여서 대대적인 판촉 활동을 펼쳤습니다.

때마침 에스보드가 언론에 소개되면서 그의 회사는 짧은 기간에 연간 매출액 100억 원의 큰 회사로 성장했습니다. 하지만 성공 가도를 달릴 것만 같았던 그의 회사는 뜻밖에도 중국에서 문제가 발생했습니다. 국내에서는 특허로 보호되었지만, 중국 업체들이 모조품을 대량으로 만들어서 국내에 반입하자 어렵게 형성되었던 시장을 잠식당했던 것입니다. 이 회사는 특허 침해 소송을 제기하면서 8억 원의 비용을 지출해야 했고, 그 사이에 회사의 매출은 20억 원대로 줄고 말았습니다.

이번에는 글로벌 경쟁 체제로 바뀌면서 기술력보다는 상품화 기술이 더 중요하다는 것을 일깨워 주는 사례를 보겠습니다.

국내 기업인 'MP맨' 은 MP3 플레이어를 세계 최초로 개발했으며, MP3 관련 기술로 특허 대상까지 받은 회사였습니다. 이 회사는 기술 특허료만 받아도 먹고살 수 있다는 생각으로 기술 보호에만 신경을 썼습니다. 그러는 사이에 MP3 플레이어 시장은 기능 중심에서 디자인과 편의성 중심으로 시장의 변화가 진행되고 있었습니다. 결국 다른 업체에서 MP3 플레이어에 소프트웨어와 콘텐츠를 결합한 새로운 컨셉의 제품이 시장을 장악하면서 그 회사는 무너지고 말았습니다.

위의 두 사례에서 본 것처럼 MP맨과 에스보드는 기술적으로는 우수한 제품이었지만, 시장을 장악할 수 있는 경쟁력을 갖추지 못했습니다.

따라서 기술 개발에 집중하는 것도 중요하지만, 그에 못지않게 시장의 변화에 신속하게 대응하는 것, 그리고 글로벌 시장에서 경쟁력을 가질 수 있는 제품을 만드는 것이 더 중요한 성공 요소라는 것을 알 수 있습니다.

도대체
어디가 고장이지?
문제는 건전지인데…….
왜, 몇 시간째 그러고 있어?
열정에너지

꿈꾸는 것만으로는 성공할 수 없다

일반적으로 성공하고 싶다거나 부자가 되고 싶다는 꿈을 가지고 있는 사람은 그렇지 않은 사람보다 성공할 확률이 더 높습니다. 왜냐하면 성공에 대한 꿈을 꾸고, 그 꿈을 믿으면 실행으로 옮기는 힘이 솟아나기 때문입니다. 그래서 마음속으로 자신이 이루고자 하는 꿈에 대한 이미지와 비전을 생생하게 그리는 사람일수록 자신이 원하는 인생을 살 수 있습니다. 실제로 성공한 사람이나 행복한 부자들은 자신의 꿈을 마음속에 새겨 놓고, 그 꿈을 이루기 위해 최선을 다합니다.

어떤 면에서 보면 인간은 자전거와 같습니다. 자전거는 오로지 앞을 향해 나아갈 때만 균형을 유지할 수 있으며, 페달을 멈추면 균형을 잃고 쓰러지게 됩니다. 마찬가지로 인간은 목표를 추구하면서 살아갈 때 삶에 대한 의욕과 힘이 솟아납니다. 그래서 이루고자 하는 목표가 없을 때는 하는 일 없이 빈둥거리게 되고, 길 잃은 어린아이처럼 방황하게 되는 것입니다.

본질적으로 사람은 주어진 환경을 극복하고, 어려운 과제를 풀어 가면서 목표를 향해 나가도록 만들어졌다고 보면 됩니다. 이루고자 하는 꿈이 없고, 가고자 하는 목표가 불분명할 때는 방향을 잃게 되는 것은 물론, 삶에 대한 의욕이 떨어져서 자신이 가지고 있는 능력마저 발휘할 수 없게 됩니다.

꿈을 가지고 목표를 향해 나아가다 보면 수많은 장애물과 문제들을 만나게 됩니다. 이 때 본질적인 문제점을 찾아내고, 그것을 해결해 나가기 위해서 필요한 것이 바로 창조력입니다.

성공의 의미를 제대로 알자

　"왜 성공해야 하는가?"라고 묻는 것 자체가 이상할 정도로 성공은 누구나 원하는 것입니다. 성공의 의미를 단순히 부富를 축적하는 것으로 좁게 해석하는 사람이 있을 것 같아서 성공의 의미를 정리해 보겠습니다.

　성공은 자기완성의 의미가 큽니다. 자기완성을 이루려면 가난한 상태에서는 제약이 따를 수밖에 없습니다. 또한 가난은 일종의 형벌과 같아서 모든 자유를 빼앗아 가기도 합니다. 가난한 상태에서는 오로지 생존을 위해 노력하는 것 외에는 다른 일을 생각할 수 없기 때문이지요.

　또한 자신에게 아무리 많은 기회가 주어져도, 그리고 내 안에 엄청난 능력을 가지고 있어도 가난한 상태에서는 모두가 무용지물입니다. 최소한의 작은 성공을 이루어서 가난한 상태를 벗어나야만 더 큰 성공을 위해 도전할 수 있는 것이 현실입니다. 그래서 성공은 누구에게나 필요한 것입니다.

그럼, 성공의 의미를 다시 한 번 정리해 보겠습니다.

'성공成功, Success' 은 사전적으로 '목적하는 것(뜻)을 이룸' 또는 '뜻하는 것이 이루어짐' 의 뜻과 '부富나 사회적 지위를 얻음' 의 '출세' 와 유사한 의미로 쓰입니다. 한문으로 '공功' 은 '무공을 세우다' 라고 할 때의 '공로' 의 의미와 '공들여 키운 자식' 이라고 할 때의 '노력' 과 '정성' 을 의미합니다. 그리고 '성成' 은 '이루다' 의 의미이며, '이루다' 는 뭔가를 '되도록 하다' 의 뜻을 담고 있습니다.

결국 정성을 들여서 뜻하는 바를 이루는 것이 바로 '성공成功, Success' 입니다. 동서양을 막론하고 성공의 의미는 '노력하여 목적하는 것을 이루는 것' 이라고 정의할 수 있습니다. 따라서 노력하지 않고 저절로 얻어지는 부와 지위는 진정한 의미의 성공이라고 할 수 없는 것입니다.

나를 끌어당기는 힘은 무엇일까?

성공한 사람들의 5년 전은 어땠을까

　재벌가의 자녀들은 태어날 때부터 이미 금수저를 입에 물고 세상에 나온다고 하니 성공을 위해 특별히 노력할 게 없어 보입니다. 하지만 대부분의 평범한 사람들은 금수저를 가지고 태어나지 않았으므로, 어려운 여건에서 성공에 도전해야 합니다. 물론 금수저를 물고 태어난 사람이라 하더라도 관리를 잘못하면 언제든지 가진 것을 모두 잃어버릴 수 있습니다. 세상에는 오히려 빈손으로 시작한 사람들이 더 큰 성공을 이루는 경우가 많습니다. 실제로 '총각네 야채가게'의 이영석 대표, '민들레영토'의 지승룡 대표는 평범하기 이를 데 없는 사람들이었습니다. 그렇다면 불과 5년 전만 하더라도 내 주변의 젊은이나 이웃집 아저씨처럼 평범했던 사람들이 어떻게 해서 성공할 수 있었을까요?

　성공한 사람들은 평범한 사람들이 늘 안고 있지만 해결하지 못하는 문제점, 즉 '자기모순'을 해결한 사람들입니다. 그들은 자기가 가지고 있는 것과 가지고 있지 못한 것을 잘 알고 있었으며, 성공을 위해서 어떤 문제를 우선적으로 해결해야 하는지를 잘 알고 있었던 사람들입니다.

즉 성공한 사람들은 어느 한 순간에 성공을 이룬 것이 아니라 자기모순을 하나하나 찾아서 해결하고 미래를 준비해 왔기 때문에 성공한 것입니다. 예를 들어, 학력이 부족하다고 생각되면 열심히 공부했고, 자금이 부족하면 작은 돈을 모아서 더 큰 돈을 모을 수 있도록 준비했습니다. 한마디로 평소에 자기모순을 피하지 않고 싸워서 이기는 작은 승리들이 모여서 큰 성공을 이룰 수 있는 밑거름이 되었던 것입니다.

인간은 누구나 자기모순을 안고 살아갑니다. 심지어 금수저를 물고 나온 사람도 마찬가지입니다. 따라서 자기모순은 평범한 사람과 성공한 사람을 구분하는 기준이 됩니다. 자신의 인생을 성공한 삶으로 만들고 싶은 사람은 이러한 사실을 분명히 알아야 합니다.

일 잘하는 사람이
성공하지 못하는 이유는

주변을 돌아보면 성실한 태도로 열심히 일하고, 어느 정도 성과도 내는데 성공하지 못하는 사람이 있습니다. 사업가들 중에도 새벽부터 밤늦도록 열심히 일하고, 주말도 없이 이리 뛰고 저리 뛰지만 성공하지 못하는 사람이 있습니다. 직장인들 중에도 간혹 신선한 아이디어를 내거나 남들보다 야근도 많이 하고, 꾸준히 자기계발을 하는데도 쉽게 인정받지 못하는 사람이 있지요.

그렇다면 무슨 이유 때문일까요? 여러분들 중에도 왜 그런지 궁금했던 분들이 있을 것입니다.

세계적인 경영 컨설턴트 마셜 골드스미스Marshall Goldsmith는 이렇듯 일은 잘하는데 좀처럼 성공하지 못하는 사람들의 특징을 분석하여 〈일 잘하는 당신이 성공을 못하는 20가지 비밀〉이라는 책을 집필한 적이 있습니다. 그는 책에서 성공을 위해서 이런저런 일을 하려고 노력하기 보다는 '자신이 안고 있는 이런저런 모순적인 일을 하지 않아야 한다'

고 강조했습니다.

그가 말한 것처럼 사람들이 성공하지 못하는 이유는 사소하지만 습관처럼 굳어진 자기모순을 인지하지 못하고 있거나 그것을 없애지 못하기 때문입니다.

그리고 골드스미스는 자신의 책에서 사람들이 조직 내에서 흔히 저지르는 실수는 다음과 같은 스무 가지 습관에서 비롯된다고 지적했습니다. 이 가운데 자신에게 해당되는 습관이 있는지 확인해 보기 바랍니다.

1. **과도한 승부욕** 그것이 중요하건 중요하지 않건 간에 어떤 상황에서든 이기려고만 하는 습관
2. **지나친 의견 추가** 모든 대화에 자신의 의견을 덧붙여야만 마음을 놓는 습관
3. **쓸데없는 비평** 자신의 기준을 강요하며 다른 사람을 평가하려는 습관
4. **파괴적인 말** 불필요한 조소와 날카로운 비평으로 상대방을 공격하는 습관
5. **부정적인 표현** 자신은 옳고 상대방은 틀리다는 것을 은근히 강조하는 습관
6. **잘난 척하기** 어떻게 해서든 자신이 똑똑하다는 것을 알리려는 습관
7. **격한 감정** 사람들을 통제하기 위해 격한 감정을 드러내며 말하는 습관
8. **반대 의견** 어떤 일에든 부정적인 이유를 먼저 내세우는 습관
9. **정보의 독점** 남들보다 유리한 위치에 서기 위해 정보의 공유를 거부하는 습관
10. **인색한 칭찬** 상대방의 능력과 성과에 대해서 칭찬이나 보상을 해주지 못

하는 습관

11. 남의 실적 가로채기 성공에 대한 자신의 공로를 과대평가하려는 습관

12. 변명 자신의 잘못된 행동을 인정하거나 고치지 않으려고 회피하는 습관

13. 핑계 현재 문제의 원인을 과거에서 찾으려는 습관

14. 편애 누군가를 불공평하게 대한다는 사실을 알아차리지 못하는 습관

15. 사과하지 않기 자신의 잘못된 행동에 대해 책임을 지지 않으려는 습관

16. 경청하지 않기 상대방의 말을 듣지 않는 무례를 범하거나 공격하려는 습관

17. 감사하지 않기 상대방의 도움이나 호의를 무신경하게 받아들이는 습관

18. 엉뚱한 화풀이 자신의 문제점을 지적하고 도움을 주려는 사람에게 화를 내는 습관

19. 책임 전가하기 자신의 잘못을 인정하지 않고 다른 사람의 탓으로 돌리려는 습관

20. 자기 미화 자신에 대한 고정관념을 좀처럼 버리지 못하고 집착하는 습관

똥 누면서
전화까지 받아야 하는 사회…….
그렇게 바쁘게 사는 이유가 뭔가?

자기모순을 극복하라

자기모순을 해결하지 않으면 성공할 수 없음에도 불구하고 지금까지 모든 성공학 책에서 자기모순에 대해 언급하지 않은 점은 아쉽게 생각합니다.

인간은 태어날 때부터 모순을 안고 태어납니다. 또한 그 누구도 모든 것을 가질 수 없으며 완벽할 수도 없습니다. 항상 무엇인가 더 좋아지기를 바라지만, 현실은 그렇지 못합니다. 그래서 자신이 무엇을 원하고 있는지 모르는 사람도 있고, 그것을 안다고 하더라도 그것을 이루기 위해 무엇을 해야 하는지 모르는 사람도 있습니다.

자신이 가지고 있는 것과 가지고 있지 못한 것을 알지 못한 채 무엇인가를 끊임없이 추구하고 있는 것이지요. 무엇인가 자신이 원하는 것을 갖기 위해서는 자신 속에 내재되어 있는 모순 요소를 찾아서 그것을 해결해야 하는데, 대부분의 사람들은 자신의 모순을 모르고 있다는 것입니다. 생활 속에서 발생하는 작은 모순적 상황들로는 다음과 같은 것을 예로 들 수 있습니다.

- 살을 빼고 싶은데 먹고 싶은 것을 참지 못한다.

- 실력은 부족하지만 좋은 회사에 들어가고 싶다.

- 돈은 없지만 사고 싶은 것은 많다.

- 그 사람을 공격하면서도 그 사람에게 인정받고 싶다.

- 상대방을 사랑해 주지 않으면서 자신은 사랑받고 싶어 한다.

자신 안에 내재되어 있는 모순은 다른 사람을 통해서 바라보면 보이기도 합니다. 우리 주변을 돌아보면 모순을 안고 있는 사람들을 쉽게 볼 수 있습니다.

- 사람은 좋은데 이렇다 할 특징이 없다.

- 아는 것은 많은데 결정적인 것은 부족하다.

- 능력은 뛰어나지만 성격은 차갑다.

- 친화력은 좋은데 도움이 안 된다.

- 성실하지만 능력이 부족하다.

- 열심히 하지만 방향이 잘못되었다.

- 말은 잘 하는데 실행에 옮기지 못한다.

- 다른 사람의 문제는 잘 보면서 자신의 문제는 보지 못한다.

- 자신의 부족한 점을 알면서도 노력하지 않는다.

　이처럼 모순적인 문제를 안고 있는 사람은 어디서나 쉽게 볼 수 있습니다. 어쩌면 그런 사람이 바로 '나 자신'일 수도 있습니다. 자신의 모순점을 모르면서 성공하려고만 든다면 그것도 모순이 아닐까요?

　모순적 상황은 이미 성공한 사람에게도 다시 나타날 수 있습니다. 그리스 신화에는 '이카루스Icarus'라는 새가 나옵니다. 이카루스는 양초로 만들어진 새였지만, 강력한 힘을 가지고 있어서 주변에는 거의 적수가 없을 정도였습니다.

　어느 날 이카루스는 머리 위에 떠 있는 태양을 보자 태양에 도전해 보고 싶은 욕심이 생겼습니다. 어느 날 이카루스는 태양을 향해 날아가기 시작했습니다. 그러나 태양에 가까이 갈수록 뜨거운 열로 인해 이카루스의 몸은 녹아버리고 말았습니다. 이카루스는 자신의 몸이 양초로 만들어졌다는 사실을 잊은 채 뜨거운 태양에 도전했던 것입니다.

　신화 속의 이카루스처럼 성공은 매력적이지만, 자신이 안고 있는 모순적 요인을 극복하지 않은 상태로 도전했다가는 결국 실패하고 맙니다. 성공한 사람들은 자기모순이 무엇인지 알고 있었고, 그것을 오히려 성공 요소로 바꾸어 놓았습니다. 그러나 보통사람들은 자신이 안고 있는 모순 요소가 무엇인지를 심각하게 생각해 보지 않으며, 알고 있더라도 그것을 해결하기 위한 노력을 기울이지 않습니다.

　자기모순을 찾아내려고 하는 것, 그리고 찾아낸 모순을 해결하기

위해 노력하는 것은 성공과 실패를 좌우하는 갈림길이 된다는 것을 명
심하기 바랍니다.

성공은 활의 방식인가, 칼의 방식인가

　역사적으로 가장 오래된 생존 방식 중의 하나가 전쟁인데, 전쟁에 사용되는 장비 중에서 가장 고전적인 무기가 바로 칼과 활입니다. 칼은 근접전에서 상대를 제압하기 위해 사용하고, 활은 적과 어느 정도 거리가 있을 때 사용합니다. 칼은 예리한 날과 강력한 힘이 결합될 때 살상력이 올라갑니다. 다만 칼을 손에 쥐고 휘두를 경우 반경 내에 있는 적은 무찌를 수 있으나 적이 반경을 벗어나면 무용지물이 됩니다. 이것은 아무리 강력한 칼을 지니고 있더라도 하늘을 나는 새는 잡을 수 없다는 것을 의미합니다.

　반면에 활은 몸체는 약하지만 화살을 장착하면 무서운 무기로 변하게 됩니다. 활은 가까운 거리보다는 멀리 있는 물체를 공격할 수 있으며, 땅에 있는 물체뿐만 아니라 하늘을 나는 새도 잡을 수 있습니다. 여기서 잠깐 활의 원리를 생각해 볼까요. 여러분은 활의 원리에서 중요한 사실을 알게 될 것입니다.

　먼저 활을 쏘기 위해서는 표적을 분명히 정하고, 그 방향으로 조준을 해야 합니다. 이 때 활이 강력한 힘을 내려면 활대가 휘어져야 합니다. 다음으로 화살이 앞으로 나가게 하려면 활시위를 뒤로 힘껏 당겨야 합니다.

필자가 무엇을 말하려고 하는지 눈치 채셨나요?

그렇습니다. 활은 자기모순을 힘으로 바꾸는 특성을 가지고 있습니다. 자신의 몸을 구부림으로써 강력한 힘을 발휘하는 것이지요. 성공의 원리도 마찬가지입니다. 성공한 사람들은 목표를 분명히 하고, 자기모순을 극복함으로써 성공이라는 결과를 얻은 것입니다. 이런 점에서 성공의 원리는 '활의 원리' 와 같다고 할 수 있습니다.

자기 몸을 구부려야 힘이 나온다

    활은 표적을 조준해서 당겼던 활시위를 놓으면 화살이 순간적으로 날아가 표적에 꽂힙니다. 따라서 활을 쏘려면 목표가 분명해야 합니다. 목표가 없는 화살은 허공을 가를 뿐입니다. 그리고 궁수는 활을 쏠 때, 목표로 정한 물체의 특성을 생각해야 합니다. 물체가 움직인다면 움직이기 전에 미리 쏘아야 하고, 움직이는 상태라면 그 물체의 움직이는 속도와 화살의 속도를 계산해서 이동 방향의 앞을 향해 화살을 쏴야 합니다. 또한 화살을 쏘기 전에 바람의 세기와 방향 등 환경적인 요인도 고려해야만 목표점에 정확하게 맞출 수 있습니다.

    다시 성공의 원리로 돌아가 생각해 보도록 합니다.

    성공을 원하는 사람이라면 화살을 쏘는 사람처럼 목표를 분명히 정하고, 그 목표가 있는 방향으로 모든 힘을 집중해야 합니다. 성공의 목표물이 움직이는 상황이라면 그에 맞는 전략을 짜야 하고, 그 목표물까지 가는 것을 방해하는 요소와 환경적인 요인을 고려해서 활을 당겨야만 합니다.

맨손으로 시작하여 성공을 이룬 사람들은 문제 해결력이 특히 뛰어 납니다. 사람은 삶을 사는 동안 누구나 어려운 상황에 부딪치게 됩니 다. 이 때 보통사람들은 문제를 회피하거나 저절로 해결되기를 기다리 지만, 성공한 사람들은 아무리 어려운 문제가 찾아와도 스스로 해결해 나갑니다.

이제부터는 당신도 목표를 정하고, 그 목표를 향해 나아갈 수 있도 록 자신의 몸을 구부려 힘을 비축해 두세요. 당신에게 고통과 어려움 이 찾아왔을 때, 그것을 두려워하지 않고 적극적으로 맞서 문제를 해 결하는 데 큰 힘이 될 것입니다.

뒤로 가지 않으면 앞으로 갈 수 없다

　사람들은 성공을 꿈꾸며 자신의 장점만을 생각하고 앞으로 나아갑니다. 그런데 장점과 열정은 중요한 성공 에너지이지만, 자기모순을 해결하지 않으면 다시 원점으로 되돌아옵니다. 즉 앞으로 나아가지 못하는 것이지요. 또한 과도한 승부욕, 스킬의 부족, 모방적 도전, 자기 미화 등은 어중간한 장점마저 약화시키는 보이지 않는 약점으로 작용합니다. 그리고 이러한 약점은 자기모순이 되어 당신의 성공을 가로막는 것입니다. 따라서 당신이 성공하지 못하는 1퍼센트의 진실은 아직까지 자신이 보지 못한 자기모순을 찾아내서 그것을 해결하는 것입니다.

　여기서 다시 활의 원리에 대해 좀 더 생각해 보도록 합니다.

　활은 자기모순을 힘으로 변화시키는 도구라고 했습니다. 활은 화살을 쏠 수 있도록 만든 도구지만, 실제로 활을 쏘려면 먼저 화살을 뒤로 끌어당겨야 합니다. 즉 활은 화살을 앞으로 나가게 하는 기능과 뒤로 당겨야 하는 기능을 동시에 가지고 있는 모순적인 도구인 셈입니다. 그리고 활은 특별한 보조 장치 없이 맨손으로 힘을 얻으려면 화살이 뒤로 가서 힘을 비축해야만 순간적인 폭발력을 발휘하게 됩니다.

그렇다면 성공한 사람들을 활의 원리에 적용시켜 볼까요.

필자는 앞에서 맨손으로 성공한 사람들은 가장 먼저 자기모순을 해결했다고 했습니다. 예를 들어, 부자가 된 사람은 가진 돈은 없지만 돈을 벌고 싶다는 모순을 해결한 것이지요. 그리고 성공한 사람들은 자기모순을 자신의 전략과 노력으로 해결해 냈습니다. 당신도 성공하고 싶다는 모순적 상황을 '당김'과 '준비'로 해결해야 합니다. 이제부터는 화살이 앞으로 나가려면 먼저 뒤로 가야 한다는 원리를 생각하면서 자기모순을 극복하는 방법을 찾아보세요.

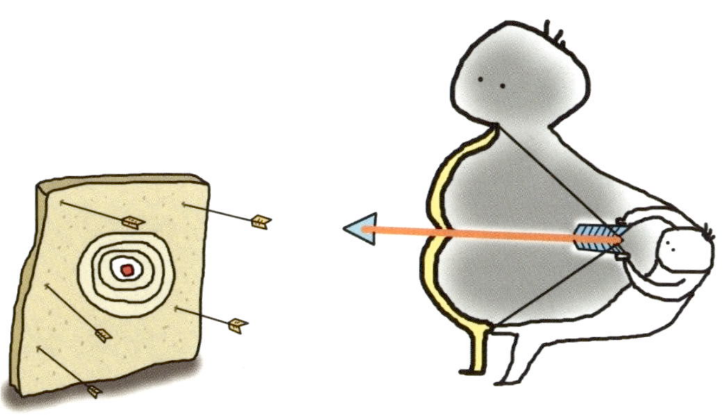

성공 요소는 무엇인가

　필자는 35년 전에 세일즈맨으로 사회생활의 첫발을 내딛었습니다. 컴퓨터 회사의 세일즈맨이었던 필자는 주로 기업체의 임원이나 경영자를 만나서 대규모 거래를 성사시키는 일을 했습니다.

　세일즈맨이라는 직업은 좋든 싫든 사람을 만나는 것이 일의 전부입니다. 그래서 세일즈맨을 위한 교육에서는 어떻게 해야 상대방의 심리를 파악하고, 좋은 인간관계를 유지할 수 있는지를 반드시 가르칩니다.

　필자는 20대부터 줄곧 인간의 특성과 심리적 변화에 관심을 가졌고, 지금까지도 많은 사람들과 교류해 오고 있습니다. 20년 전에는 평범한 직장인이었지만 지금은 경영자가 된 사람도 있고, 한 때는 잘 나가던 사람이었지만 얼마 지나지 않아서 몰락하는 사람도 보았습니다. 그동안 필자가 몇 사람을 만났는지는 세어 보지 않았지만, 지난 35년 동안 만 명은 넘게 만난 것 같습니다.

　필자는 세일즈를 그만둔 후 컨설턴트와 대학 교수로 활동하는 동안 성공한 사람들을 많이 만날 수 있었습니다. 또한 그러한 과정에서 경

영, 경제, 실용, 성공에 관한 책을 2,000여 권 이상 읽었고, 강의와 집
필 활동을 하면서 자연스럽게 성공한 사람들의 특성을 정리할 수 있었
습니다.

결론부터 이야기하면 성공한 사람은 처음부터 성공한 것이 아니라
성공을 준비하는 과정에서 성공 요소를 극대화시켰다는 것입니다. 사
람은 성공 요소와 실패 요소를 동시에 가지고 있는 모순적 존재이기도
합니다. 그래서 자기모순을 극복한 사람은 성공하는 반면, 자기모순을
인지하지 못했거나 극복하지 못한 사람은 실패하게 되는 것입니다.

성공의 요소를 구체적으로 정의한다는 것은 매우 어려운 일이지만,
필자는 성공한 사람의 특성을 조사함으로써 정리할 수 있었습니다. 일
부 성공한 사람들의 특성이 모든 성공 사례를 대변할 수는 없지만, 성
공을 꿈꾸는 사람들에게 좋은 지표가 될 수 있다고 생각합니다.

필자는 본인이 겪었던 성공과 실패의 경험, 그리고 필자가 만났던
성공한 사람들의 실제 사례, 필자가 읽었던 2천 여 권의 책에서 정리
된 키워드들을 중심으로 성공 요인을 정리해 보았습니다. 필자가 정리
한 성공 요인Success factor은 크게 개인의 능력인 '기능 요인'과 일 하는
방법인 '프로세스 요인', 성공에 대한 꿈인 '비전 요인'으로 이루어져
있으며, 이들 세 가지 요인은 서로 상호 작용을 하는 것으로 나타났습
니다.

지금 이야기한 성공 요인은 다시 여러 가지의 '성공 요소Success

Parameter' 로 이루어집니다. 결국 성공 요소가 변수로 작용해서 성공과 실패를 결정하게 되는 것입니다.

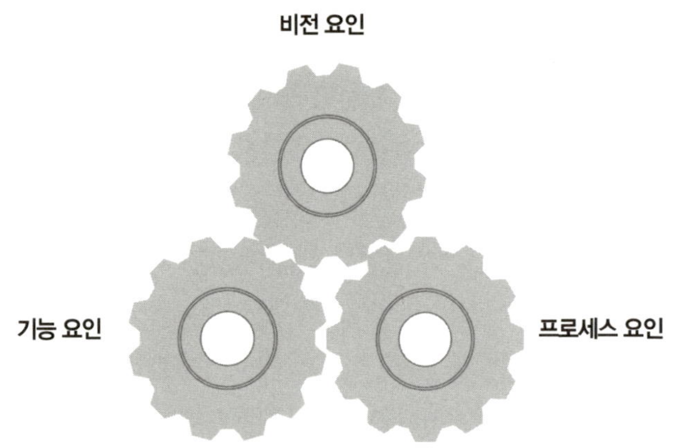

그림에서 볼 수 있는 것처럼 세 가지 성공 요인을 구성하는 각각의 성공 요소를 구체적으로 살펴보면 다음과 같습니다.

비전 요인

비전Vision 중장기적인 비전을 가지고 있고 단기적인 목표를 세우고 있는 가?

리더십Leadership 새로운 방향을 설정하여 변화를 주도해 나가며, 다른 사람에게 영향력을 미치고 있는가?

철학Philosophy 자기 일에 대한 철학이 정립되어 있으며, 그 철학은 다른 사람에게도 영향을 미치고 있는가?

프로세스 요인

유연성Flexibility 환경의 변화와 시장에서의 기회를 포착하고, 그것에 유연하게 적응해 나가고 있는가?

문제 해결 Problem solving 핵심 문제를 찾아내어 문제의 본질을 해결하는 능력을 갖추고 있는가?

창의력Creativity 매사를 새로운 시각으로 바라보며, 창의적인 아이디어를 이끌어 내는 능력을 갖추었는가?

자신감Confidence 생각해 낸 일을 실행에 옮기고, 실패를 두려워하지 않고 과감하게 추진하고 있는가?

기능 요인

스킬Skill 자신이 선택한 분야에서 유용하게 사용할 수 있는 능력(기술)을 갖추고 있는가?

상품화Commercialization 자신이 가진 능력을 다른 사람(사내, 사외)이 필요로 하도록 상품화하고 있는가?

마케팅Marketing 기회가 찾아왔을 때 자신의 능력을 홍보하고 활용할 수 있는 능력을 갖추고 있는가?

자원Resourse 성공을 향해 도전할 수 있는 자원(시간, 자금, 인맥 등)을 가지고 있는가?

인간관계Human relation 성공을 위해 서로 도울 수 있는 사람을 알고 있고, 그들과 좋은 인간관계를 맺고 있는가?

최초의 한 바퀴를 돌리려는
노력이 위대한 결과를 만든다!

성공 요소는
피라미드 구조로 되어 있다

사람들에게 성공을 위해서 어떤 요소가 중요한지를 물어보면 백인 백색百人百色으로 제각기 다른 대답이 나오게 됩니다. 그런데 각자의 이야기를 들어 보면 모두가 맞는 말일 것입니다. 이처럼 성공 요소가 사람마다 다름에도 불구하고, 어째서 모든 것이 맞는 것처럼 느껴지는 걸까요? 그것은 바로 성공 요소는 한두 가지가 아니라 여러 가지이기 때문입니다. 그리고 각각의 요소가 상황에 따라 사람마다 다르게 작용한다는 것을 의미합니다.

기업의 성공도 개인의 성공과 마찬가지로 여러 가지 요인이 복합적으로 작용합니다. 케임브리지 대학의 리차드 린치Richard Lynch 교수는 기업의 퍼포먼스 요소를 열 가지로 정한 후, 그것을 피라미드 형태로 정의하여 '퍼포먼스 피라미드Performance Pyramid'를 만들었습니다. 또한 그는 퍼포먼스 피라미드를 실무적인 요인, 프로세스적인 요인, 전략적인 요인으로 구분하여 피라미드 형태로 배열하였습니다.

필자는 성공 요소를 명확하게 알 수 있도록 퍼포먼스 피라미드 모델을 응용하여 성공 요소를 기능 요인, 프로세스 요인, 비전 요인으로 구분하여 열두 가지로 분류해 보았습니다. 여러분이 성공 요소를 이해하는 데 도움이 될 것입니다. 석세스 피라미드Success Pyramid는 비전 요인이 상단에, 프로세스 요인이 중간에, 기능 요인이 하단에 배치되어 있습니다. 좀 더 구체적으로 세분하면 비전 요인으로는 비전, 리더십, 철학 등을 들 수 있습니다. 그리고 프로세스 요인으로는 유연성, 문제 해결력, 창의력, 자신감을 들 수 있습니다. 마지막으로 기능 요인에는 스킬, 상품화, 마케팅, 자원, 인간관계 등을 들 수 있습니다.

석세스 피라미드를 통해서 자신이 성공의 목표를 이루기 위해 어떤 노력을 기울여야 하는지 생각해 보기 바랍니다.

석세스 피라미드

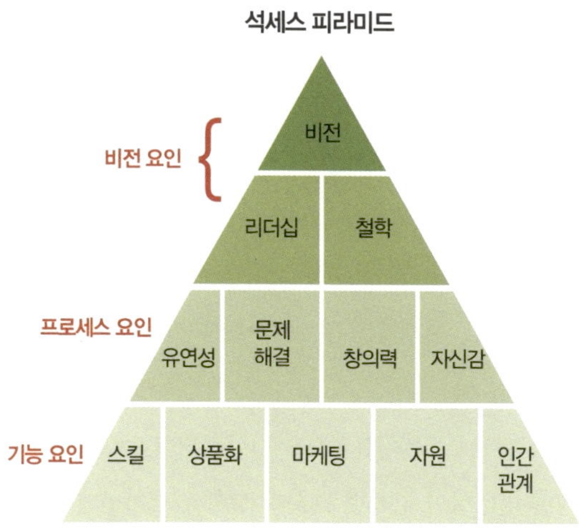

성공 요소 피라미드는 매트릭스 구조이다

성공 요소로 구성된 석세스 피라미드는 성공한 사람들의 성공 원리를 해석할 수 있는 훌륭한 도구가 됩니다. 이 도구를 사용해서 성공 원리를 해석할 수 있다면, 자신의 상황에서 성공한 사람들은 어떤 원리를 적용했는지 쉽게 알 수 있습니다. 특히 자신과 비슷한 상황에서 자기모순을 어떻게 해결했는지를 살펴봄으로써 모순의 해결책을 생각해낼 수도 있습니다. 또한 필자가 제안하는 석세스 피라미드는 각각의 성공 요소가 독립적으로 작용하는 것이 아니라 상호 모순적으로 적용될 수 있는 상황을 포함하고 있습니다.

석세스 피라미드의 세 가지 계층을 이루고 있는 비전 요인, 프로세스 요인, 기능 요인은 매트릭스 구조로 연결되어 있습니다. 그 가운데 비전 요인의 '비전'과 '마인드', '동기 부여'는 서로 매트릭스 구조로 배열되어 있어서 상호 모순적 요소로 작용합니다. 예를 들어, 비전은 세워 놓았지만 리더십이 부족한 모순적 상황에서 어떻게 대처해야 하는지를 알 수 있게 됩니다.

프로세스Process는 자기 분야에서 일하는 과정으로서, 문제에 부딪쳤을 때 창의력이 부족하여 그 기회를 날려버리는 모순이 발생할 수도 있습니다. 기능 요인 중에서 스킬이나 능력은 가지고 있지만, 자원이 부족하여 능력을 발휘하지 못해 실패를 겪기도 합니다.

자신의 목표를 성공으로 이끌기 위해서는 성공에 영향을 주는 석세스 피라미드의 성공 요인을 찾아내서 그것을 활성화시켜야만 성공을 가로막는 모순적 요인을 해결할 수 있습니다. 석세스 피라미드는 아래 그림에서 볼 수 있는 것처럼 성공 요소 간의 모순적 상황을 보여주는 매트릭스 구조로 되어 있습니다.

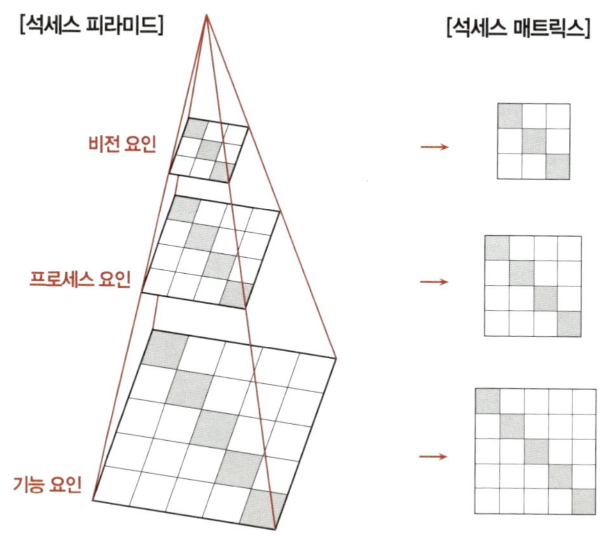

[성공 요소별 석세스 매트릭스 분석]

● **기능 요인**

● **프로세스 요인**

● **비전 요인**

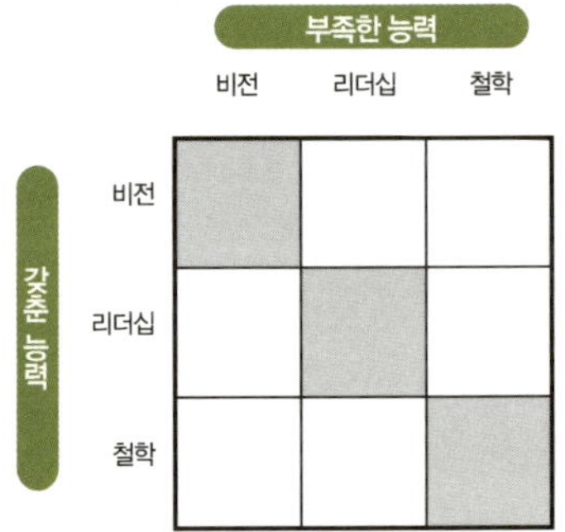

＊석세스 매트릭스 분석 방법과 '2부 석세스 플랜 만들기'를 참고하세요.

[석세스 마인드 체크리스트]

석세스 플랜 작성 단계로 나아가기 전에 다음 질문에 답하면서 당신의 '석세스 마인드Success mind' 를 점검해 보자.

- ☐ 나는 성공에 대한 꿈을 가지고 있는가?
- ☐ 나는 꿈에 대한 목표를 가지고 있는가?
- ☐ 나는 미래에 대한 구체적인 계획을 가지고 있는가?
- ☐ 나는 아침마다 나를 설레게 하는 일이 있는가?
- ☐ 나에게는 성공한 사람의 모델이 있으며, 그렇게 되고자 노력하는가?
- ☐ 나는 하고 싶은 일을 찾아서 하는가?
- ☐ 내가 좋아하는 일은 무엇인가?
- ☐ 내가 잘 할 수 있는 일은 무엇인가?
- ☐ 내가 안고 있는 자기모순은 무엇인가?
- ☐ 나는 미래를 위해 어떤 준비를 하고 있는가?

위의 질문에 답하면서 느낀 점이 있으면 아래 빈 칸에 적어 보자.

PART 02

석세스 플랜 5단계

한 발의 화살이 남아있다면
어디로 쏘겠는가?

성공 화살을 쏘기 위한
5단계 프로세스

성공으로 가는 길에는 왕도王道가 없습니다. 그러나 다행스럽게도 지름길은 있습니다. 생각이나 아이디어를 행동으로 옮길 때 행동의 기준이 되는 절차가 있으면 실행력을 높여 줍니다. 단순하게 아이디어만 많이 가지고 있으면 오히려 힘이 분산되지만, 절차(프로세스)가 준비되면 실행에 집중할 수 있는 것이지요. 또한 각 단계마다 적절한 도구Tool를 이용할 수 있고, 중요한 사항을 잊어버리지 않고 실행할 수 있습니다. 더불어 다음 단계를 준비할 수 있으며, 전체 프로세스가 완료된 후에는 실행에 대한 효과를 점검해 볼 수도 있습니다. 따라서 새로운 방법론을 적용할 때 실행을 위한 프로세스가 수립되면 그만큼 실행력은 높아집니다.

실행의 프로세스는 성공 전략에도 그대로 적용됩니다. 필자는 오랜 조사 활동을 통해서 성공의 실행 프로세스(필자는 이를 '성공 활쏘기'로 정의함)에는 5단계 과정이 존재한다는 사실을 알 수 있었습니다. 이제부터 설명하게 될 성공 활쏘기의 5단계 프로세스를 자신에게 적용해 보기 바랍니다.

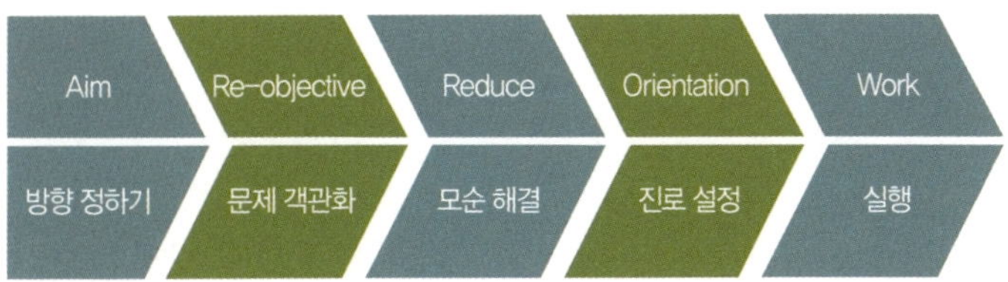

1단계 **방향 정하기**Aim 자신의 성공 목표를 정하라. 목표가 분명해지면 목표 달성의 기회를 찾을 수 있다.

2단계 **문제 객관화**Re-objective 주관적 관점에서 보면 자신의 문제가 잘 보이지 않는다. 문제를 객관화해야 문제의 본질이 보인다.

3단계 **모순 해결**Reduce 문제의 본질을 보고 자신이 안고 있는 모순을 해결할 수 있는 아이디어를 이끌어 낼 수 있다.

4단계 **진로 설정**Orientation 새로운 해결 방안과 추진 방법을 설정한다.

5단계 **남보다 더 일하기**Work 새로운 방안이 준비되었으면 신속하게 실행하라. 그리고 다른 사람이 일하는 것보다 더 많이 일하라.

나를 상품화하라

　시장 경제의 정글에서 살아남으려면 '개인도 기업이다' 라는 생각을 가져야 합니다. 사실 기업이라는 조직에서 성공한 사람들의 연봉이 어지간한 중소기업의 매출액보다 높은 경우도 많습니다. 개인 비즈니스로 성공한 사람들은 자신의 능력을 상품화하는 능력이 뛰어납니다. 실제로 〈해리포터 시리즈〉의 작가 조앤 K. 롤링은 자신의 상상력을 상품화하여 대기업의 매출액을 능가하는 엄청난 수입을 올리고 있습니다.

　기업 내에서 성공하는 사람과 그렇지 못한 사람은 능력에 의해서 결정되는 것이 아니라 자신의 능력을 상품화하는 능력에 의해 결정됩니다. 직장도 하나의 보물섬과 같아서 성공할 기회가 많습니다. 신입사원으로 입사해서 회사를 성장시키면 CEO가 될 수도 있고, 글로벌 기업에 세일즈맨으로 입사하여 본사의 임원이 된 사람도 많습니다. 이런 사람들의 특징은 하나같이 자신의 능력을 상품화하여 경영자에게 보여주었다는 점입니다. 당신도 이제부터는 단순한 월급쟁이처럼 주어진 일만 하지 말고, 자신이 경영자가 된 것처럼 일하면서 스스로 기회를 만들어 자신의 능력을 맘껏 보여주세요.

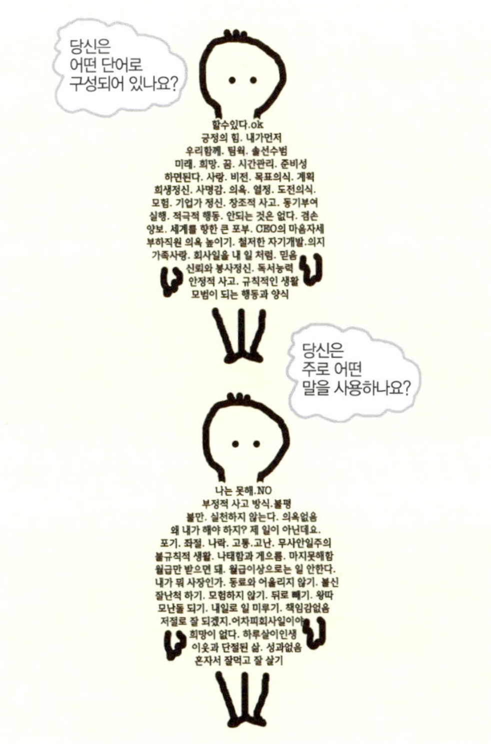

입체적으로 사고하라

사람들은 항상 현재의 일에 집중하려는 본능 때문에 시야가 좁아져서 눈앞에 있는 일을 자기중심적으로 생각하게 됩니다. 그래서 대부분의 사람들이 나무는 볼 수 있지만 숲을 보지 못합니다. 결국 다가오는 장애물을 발견하지 못하거나 현재의 위기를 벗어날 수 있는 탈출구를 찾지 못하게 되는 것이지요. 마케터들은 마케팅 전략을 수립할 때 가장 먼저 SWOT 분석을 합니다. 'SWOT 분석'이란 생각을 입체적으로 할 수 있도록 하는데, 'SW'는 자신이 가지고 있는 강점Strength과 약점Weakness을 동시에 생각하는 것이고, 'OT'는 시장의 기회Opportunity와 위협Threat을 동시에 보는 것입니다. 결국 성공 마인드도 SWOT 분석처럼 시장의 기회와 위협을 동시에 보고, 자신이 가진 강점과 약점을 동시에 생각해 보는 입체적인 사고를 할 수 있어야 합니다.

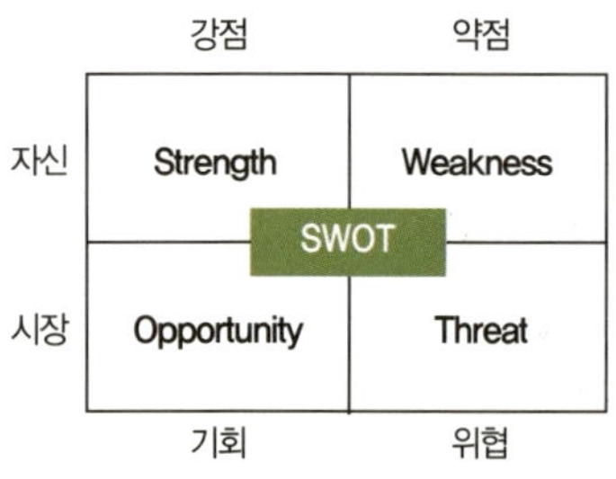

길을 잃는다는 것은 곧 길을 알게 된다는 것이다!
포기하지 말자.
길이 없다!
돌아가야지.

나의 성공 비전은

　사람들은 성공을 목표로 하는데, 그것을 '꿈' 또는 '비전'이라고 하지요. 하지만 성공을 목표로 한 사람도 비전이 명확하지 않거나 그 꿈이 너무 커서 실현이 불가능한 경우도 많습니다. 그래서 성공을 목표로 하는 비전은 하나가 아니라 두 가지 정도로 정하는 것이 좋습니다.

　한 가지는 10년 이상의 장기간에 걸쳐 이루고자 하는 꿈이고, 다른 한 가지는 1년에서 3년 내의 단기간에 이루고자 하는 목표입니다. 너무 큰 꿈은 막연하거나 비현실적이어서 중간에 포기하기 쉽습니다. 그래서 현실적이고 실현 가능한 단기적인 목표가 동시에 필요한 것입니다. 즉 작은 목표들을 하나씩 달성하면서 큰 꿈을 향해 한걸음씩 나아가는 것이지요.

　꿈과 목표는 그것을 달성할 수 있는 방법과 전략이 없으면 허상으로 끝나고 맙니다. 그래서 꿈과 목표는 생각에 머물지 않고 글이나 도표로 구체화해야만 성취할 수 있는 가능성이 높아집니다. 세계적인 리더십 전문가 존 맥스웰은 이렇게 말했습니다. "95퍼센트의 사람들은

목표를 적지 않는다. 그러나 목표를 적은 5퍼센트의 사람들 중에서 95
퍼센트는 목표를 성취한다." 오늘부터라도 당신의 꿈과 목표를 정하세
요. 그리고 실현 가능하도록 구체적으로 적어 보세요.

신재원(NASA 항공연구담당 부국장)

국내에서 대학을 졸업한 후 미국 항공우주국NASA 항공연구 분야에서 최고 책임자가 된 사람이 있습니다.

지금 소개하는 석세스 스토리의 주인공인 신재원 박사는 1982년에 연세대학교 기계공학과를 졸업한 후, 미국 캘리포니아 주립대학에서 석사 학위를, 미국 버지니아 공대에서 유체역학으로 박사 학위를 취득했습니다.

신재원 박사는 초등학교 때인 1969년에 우주선 아폴로 1호가 달에 착륙하는 장면을 TV에서 보았다고 합니다. 당시에 그는 NASA가 무엇을 하는 곳인지는 몰랐지만, 우주 개발에 관련된 일을 하고 싶다는 꿈을 가졌다고 합니다.

그는 대학 시절부터 줄곧 유체역학을 공부했고, 미국에서 유학 생활을 하는 동안 박사 학위를 취득하자마자 NASA에 지원했습니다. 그가 1989년에 NASA에 지원서를 내자 산하 기관 중의 하나인 글렌 연구센터에서 채용하겠다는 연락이 왔습니다. 그러나 연방정부 공무원이 되려면 시민권이 있어야 하는데, 그에게는 시민권이 없었습니다.

연구센터에서는 그 해 8월 안에 시민권을 받아야 근무할 수 있다는 사실을 알려 주었습니다. 유학 생활의 어려움을 극복하고 힘들게 얻은 기회였지만, 시민권이 없어서 일을 할 수 없는 모순이 발생한 것입니다. 그것도 불과 4~5개월 안에 시민권을 받는다는 것은 거의 불가능에 가까운 것이었습니다. 안타까운 마음으로 지켜보던 그의 아내가 버지니아 출신의 연방하원 의원 사무실을 찾아갔습니다. 한두 번도 아니고 수없이 찾아가서 딱한 사정을 호소하자, 아내의 열정에 감동한 직원이 의원에게 보고했고, 의원이 도움을 준 덕분에 그는 시민권을 얻을 수 있었습 니다.

신재원 박사는 글렌 연구센터에 입사해서 일하는 것에 만족하지 않고 '미국에서 최고로 인정받고 싶다' 는 생각으로 최선을 다해 일했습니다. 다른 연구원들보다 열심히 실험도 하고 논문도 발표했습니다. 마침내 그는 1995년에 글렌 연구센터에서 관리자로 승진했으며, 이후 NASA가 진행하는 중요 프로젝트에 책임자로 발탁되었습니다.

그는 항상 엔지니어로서 자신의 일만 열심히 하면 된다는 '작은 생각Small think' 으로 일한 것이 아니라 NASA의 시각에서 문제를 바라보는 '큰 생각Big think' 으로 일했습니다.

언젠가 그는 이렇게 말한 적이 있습니다.

"자신이 속한 작은 부서의 업무만 보지 말고 좀 더 큰 조직, 나아가서 NASA의 전체 시각으로 문제를 보면 남들과 다른 창의적인 생각이 떠오르고 편협하게 되지 않습니다.”

또한 그는 다른 사람들보다 좀 더 빨리 성공할 수 있었던 이유를 '한 치수가 큰 모자(one size bigger hat)' 에 있다고 말한 적이 있습니다.

이러한 노력으로 신재원 박사는 NASA 내에서 여러 차례에 걸쳐 공로상을 수상했고, 미국인 과학자도 25년 이상 근무해야 임명될 수 있다는 차관급의 직책을 19년 만에 맡게 되었습니다.

신재원 박사는 남들보다 더 큰 생각으로 일했기 때문에 자신의 분야에서 성공할 수 있었습니다. 여러분도 자신의 분야에서 주어진 일만 처리하는 작은 생각으로 일하지 말고, 좀 더 큰 생각으로 남들과 다른 일을 해보는 것은 어떨까요?

내가 나의 비전과 등 돌리고 서 있으면,
다시 만날 때까지 인생을 한 바퀴 돌아야 한다.

뒤 돌아서 마주 보면 금방 만날 수 있는데…….

자신의 문제를 객관화하여 보라

영국의 극작가 버나드 쇼는 자신의 해박한 지식을 바탕으로 글을 써서 성공한 대표적인 지식인이었지만 얼굴은 추남이었습니다. 같은 시기에 이사도라 던컨은 당대 최고의 미녀 무용수였지만 학식이 부족 했습니다. 이사도라는 외모는 아름다웠지만 지식 콤플렉스가 있어서 버나드 쇼와 결혼하면 지식 콤플렉스를 해결한 멋진 자녀를 낳을 수 있을 것으로 생각하고, 버나드 쇼에게 청혼을 했습니다.

"저는 선생님의 높은 학식을 존경하고 있습니다. 저와 결혼 하면 선생님의 학식과 저의 미모를 타고난 멋진 2세가 태어날 수 있지 않을까요?"

하지만 버나드 쇼는 그녀에게 이렇게 말했습니다.

"저는 못생긴 제 얼굴과 당신의 부족한 학식을 닮은 2세가 태어나는 것이 두렵습니다."

이사도라는 자신이 가진 미모만 생각했지 다른 사람이 보고 있는 그녀의 부족한 학식에 대해서는 생각하고 있지 않았던 것입니다. 다소 극단적인 비유일 수 있지만, 이처럼 대부분의 사람들은 자신이 안고 있는 본질적인 문제를 정확하게 보지 못합니다.

그러나 성공한 사람들은 자신의 문제를 객관화하여 보는 능력을 가지고 있습니다. 문제를 객관화해서 보면 보이지 않던 해결책을 쉽게 생각해 낼 수 있습니다. 여러분도 자신이 안고 있는 문제를 해결하려면 문제를 '객관화Re-objective' 하는 습관을 갖도록 하세요. 문제를 객관화는 능력은 성공을 위해서 반드시 필요하며, 자신이 갖지 못한 능력을 발견하는 유용한 도구이기도 합니다.

문제를 모델링하라

요즘 다이어트는 남녀노소를 불문하고 최대의 관심사이지만, 대다수가 체중을 줄이겠다고 생각만 하지 실제로는 항상 제자리입니다. 이러한 경우에는 문제를 모델링Modeling해서 보면 무엇을 어떻게 해결해야 하는지 알 수 있습니다.

체중을 5킬로그램 줄이겠다면, 그것을 위해 무엇을 해야 하는지 '필요 요소'를 생각해 보아야 합니다. 가장 먼저 식사량을 지금보다 20퍼센트 줄이면서 운동량은 20퍼센트 늘여야 할 것입니다. 하지만 이것은 결코 쉽지 않습니다. 왜냐하면 체중을 줄이기 위해서 먹는 것을 억제하는 것이 어렵기 때문이지요. 또한 운동량을 늘이고 싶은데 운동할 시간이 없다는 모순점도 발생합니다. 이러한 모순점을 해결하지 못하면 5킬로그램의 체중을 줄이겠다는 목표는 달성할 수 없습니다.

따라서 자신이 안고 있는 문제의 본질이 무엇이고, 그 문제의 모순이 무엇인지 알기 위해서는 문제를 모델링해서 보는 방법을 사용해야 합니다. 모델링 방법은 오른쪽의 도표를 참고하세요.

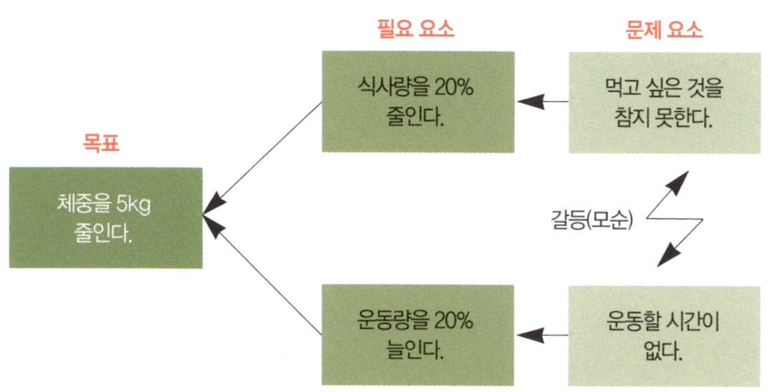
목표
체중을 5kg
줄인다.

필요 요소
식사량을 20%
줄인다.

운동량을 20%
늘인다.

문제 요소
먹고 싶은 것을
참지 못한다.

운동할 시간이
없다.

갈등(모순)

자기 모순의 틀을 깨라!
고정관념의 틀을 깨라!

하워드 슐츠 (스타벅스 CEO)

스타벅스의 CEO 하워드 슐츠Howard Schultz는 값싼 농산물인 커피를 황금으로 바꾸어 놓은 사람입니다.

하워드 슐츠는 대학을 졸업한 후 복사기 회사인 제록스의 세일즈맨으로 직장생활을 시작했습니다. 제록스는 세일즈맨 교육을 잘 하기로 유명한 회사인데, 이곳에서 하워드 슐츠는 세일즈 스킬을 훈련받게 됩니다. 그는 미식축구 선수 출신이었기 때문에 사교성이 뛰어나서 고객과의 커뮤니케이션에 뛰어났을 뿐만 아니라, 상당히 적극적이어서 영업 실적도 좋았습니다. 하워드 슐츠는 입사한지 얼마 되지 않아서 지역 세일즈 매니저가 되었고, 얼마 후 유럽의 주방 기구 회사에서 그를 마케팅 부사장으로 스카우트하게 됩니다. 그는 뉴욕에서 미국 전역의 영업을 총괄하고 있었는데, 판매 리포트를 보던 중 시애틀의 한 커피숍에서 특히 주문이 많은 것을 보고 그곳을 방문하게 됩니다. 그가 방문했던 곳은 스타벅스 커피숍이었으며, 그곳에서 커피에 매력을 느낀 하워드 슐츠는 부사장직을 포기하고 스타벅스로 자리를 옮기게 됩니다. 당시 스타벅스는 시애틀에 네 개의 점포를 운영하고 있던 프리미엄 커피숍이었습니다.

하워드 슐츠가 이탈리아에서 열린 커피 박람회에 참가하면서 커피의 역사가 바뀌는 놀라운 일이 일어나게 됩니다. 그가 커피 박람회장으로 가던 중 우연히 길가에 있는 이탈리아식 카페에 들어갔다가 커피의 새로운 세계를 발견한 것입니다. 진한 커피 냄새와 함께 바 스타일로 된 실내 구조, 커피 전문가(바리스타)가 주문을 받아 그 자리에서 고객의 입맛에 맞는 커피를 만들어 주는 모습에 하워드 슐츠는 깊은 인상을 받습니다. 이때 마신 카푸치노의 맛에 감동한 하워드 슐츠는 호텔로 돌아오자마자 새로운 모델의 커피숍을 설계합니다. 하워드 슐츠는 고객들에게 똑같은 커피를 서비스하는 기존 방식과 달리 고객 한 사람 한 사람의 입맛에 맞추는 새로운 방식의 커피숍을 모델로 사업 계획서를 만들게 됩니다. 그는 이탈리아에서 커피 한 잔을 마신 것이 아니라 아무도 생각하지 못한 새로운 형식의 커피숍 모델을 발견했던 것입니다. 그는 투자금을 유치하여 스타벅스를 인수했고, 커피숍을 단순히 커피를 파는 곳이 아니라 고객이 커피를 즐길 수 있는 문화 공간으로 바꾸어 놓았습니다. 또한 직원들을 단순히 주문을 받고 서비스하는 사람이 아니라 고객의 입맛에 맞추는 커피 전문가로 양성했습니다. 이탈리아의 카페에서 수많은 사람들이 커피를 마셨습니다. 하지만 하워드 슐츠는 남들과 다른 시각으로 그들이 발견하지 못했던 고객의 니즈를 찾아냈고, 그것을 서비스할 수 있는 새로운 방식의 커피숍 모델을 만들어 냈던 것입니다.

성공은 자기모순을 싫어한다

　우리가 보기에는 꽤 똑똑한 사람인데 성공하지 못하는 경우가 많은 것을 보면, 똑똑하다는 것이 성공의 필수 조건은 아닌 것 같습니다. 이것은 곧 똑똑하다는 것과 더불어 무엇인가 다른 것이 있어야 한다는 것을 의미합니다.

　예를 들어, 의사가 개업하는 경우를 보도록 하지요. 의사는 전문적인 의학 지식을 갖추고 있지만, 환자를 대하는 태도는 의사마다 제각기 다릅니다. 그리고 환자는 병원을 선택할 때 의사의 전문성과 함께 환자에 대한 태도를 동시에 고려합니다. 즉 환자들은 자신을 어떻게 진료하는지, 환자에게 검사 결과를 어떻게 설명하는가에 따라서 병원을 선택하게 되는 것입니다.

　따라서 병원을 경영하는 의사에게는 환자를 진료하는 것 못지않게 환자를 고객으로 여기고, 많은 환자를 유치하는 것은 매우 중요합니다. 그러나 이러한 것을 의과대학에서는 가르치지 않습니다. 어떤 의

사는 이러한 것들을 미리 알아서 조치를 취하기도 하지만, 그렇지 못한 의사도 많습니다.

이처럼 자신의 분야에서 성공하려면 이런저런 방해 요소, 즉 자기 모순을 찾아서 제거해야 합니다.

자기모순 해결의 답은
석세스 매트릭스에 있다

　성공에 도전하려는 사람이 가장 먼저 해결해야 할 과제는 기능 요인의 기초를 다지는 일과 기능 요인에서 발생하는 자기모순을 해결하는 것입니다. 예를 들면, 자신의 능력을 발휘할 수 있는 스킬, 자신을 상품화할 수 있는 능력, 자기 마케팅 능력, 최소한의 자원, 인간관계 등이 해결해야 할 과제일 것입니다.

　이러한 요소를 모두 갖춘 사람은 이미 성공했을 것입니다. 대부분의 사람들은 이러한 성공 요소를 모두 갖추고 있지 못합니다. 그리고 앞에서 말한 것과 같이 자신이 아직 갖추지 못한 요소가 바로 '모순 요소'입니다.

　아울러 성공 요소를 어느 정도 갖추고 있더라도 그러한 요소들 간에 걸림돌이 되는 모순 상황이 있는지도 점검해 보아야 합니다. 예를 들면, 자신이 스킬은 가지고 있는데 자원이 부족하다든지, 자신에게 상품성이 있어 보이는데 자기 마케팅 능력이 부족하다거나 하는 모순 상황을 스스로 점검하는 것입니다.

이제부터 설명하게 될 '성공 매트릭스의 셀Cell' 속에는 성공 요소들 간의 모순 상황을 해결할 수 있는 해결 원리가 들어 있습니다. 해당되는 셀에는 이미 성공한 사람들이 비슷한 상황에서 모순 상황을 해결한 원리를 추출해서 배치해 놓았습니다. 따라서 성공 매트릭스 속의 해결 원리를 보고 자신에게 맞는 해결 방법을 찾아낼 수 있게 됩니다. 물론 성공 매트릭스는 '기능 요인' 뿐만 아니라 '프로세스 요인', '비전 요인'에도 모두 적용되기 때문에 모든 해결 원리를 찾아낼 수 있습니다.

[기능 요인 매트릭스]

갖춘 능력 ＼ 부족한 능력	스킬	상품화	마케팅	자원	인간관계
스킬		26, 27, 4, 40, 1	14, 13, 8, 31. 38	6, 35, 5, 3, 34	2, 23, 8, 29, 23
상품화	32, 36, 4, 40, 10		7, 10, 24, 4, 38	5, 11, 40, 37, 34	28, 19, 20, 29, 25
마케팅	33, 3, 24, 40, 12	7, 4, 8, 23, 30		37, 25, 24, 15, 34	14, 7, 4, 40, 22
자원	26, 3, 6, 9, 17	33, 1, 10, 20, 32	37, 38, 30, 20, 40		24, 12, 28, 29, 21
인간관계	11, 30, 21, 7, 3	29, 8, 12, 7, 38	23, 29, 38, 15, 40	6, 30, 15, 17, 34	

[프로세스 요인 매트릭스]

갖춘 능력 ＼ 부족한 능력	유연성	문제해결	창의력	자신감
유연성		15, 28, 29, 6, 35	30, 15, 13, 29, 3	17, 40, 30, 3, 15
문제해결	25, 15, 1, 28, 37		27, 25, 19, 40, 1	11, 32, 37, 24, 25
창의력	12, 3, 7, 31, 28	4, 25, 19, 1, 18		4, 7, 25, 2, 24
자신감	35, 30, 14, 2, 19	2, 22, 35, 17, 34	11, 13, 2, 25, 24	

[비전 요인 매트릭스]

갖춘 능력 \ 부족한 능력	비전	리더십	철학
비전		26, 35, 38, 25, 8	33, 7, 15, 20,17
리더십	38, 29, 40, 12, 6		8, 14, 17, 26, 15
철학	35, 37, 38, 26, 31	32, 14, 23, 3, 8	

＊석세스 매트릭스 속의 숫자는 115쪽에 제시한 40가지 성공 원리 중 해당 번
호를 의미합니다. '2부 석세스 플랜 만들기' 에서 직접 실습해 볼 수 있습니다.

성공 원리를 보고 상상하라

　우리가 아직 성공하지 못했다는 것은 지금의 사고방식과 행동 원리를 바꾸어야 한다는 것을 의미합니다. 하지만 그것을 쉽게 바꾸지 못하는 것은 고정관념을 깨지 못하기 때문입니다. 고정관념을 초월하려면 성공한 사람들의 성공 원리를 보고 그 원리를 적용해서 새로운 생각을 해야 합니다. 다른 사람의 성공 방식을 따라 하려고 노력하지 말고 그 사람이 어떤 원리를 적용했는지를 보고, 그것을 자신의 상황에 응용해 보는 것은 어떨까요?

　필자는 이미 전 세계적으로 40~50년 동안 수많은 경우에 적용되어 검증된 트리즈TRIZ의 해결 원리가 성공 원리에도 그대로 적용된다는 것을 발견했습니다. 그동안 트리즈의 해결 원리가 기술적인 부분에 주로 사용되었기 때문에, 필자는 카이스트KAIST의 의사결정 연구실과 협력하여 자기 계발에 적합한 성공 원리로 만들었습니다. 여러분도 여기에 제시한 40가지 성공 원리에 따라 생각하고 행동한다면 어렵고 힘들게만 느껴졌던 성공의 길로 성큼 다가설 것입니다.

[트리즈의 해결 원리를 적용한 40가지 성공 원리]

1. 나누어라
2. 뽑아내라
3. 국부적으로 최적화하라
4. 차별화하라
5. 한 번에 여러 기능을 연계하라
6. 하나에 여러 기능을 연계하라
7. 짝짓기를 하라
8. 개방하고 활성화하라
9. 미리 반대 방향으로 조치하라
10. 미리 조치하라
11. 사전에 예방 조치하라
12. 효과적인 지원을 도출하라
13. 거꾸로 하라
14. 곧은 개념을 구부려라
15. 부분적으로 자유도를 부여하라
16. 극단적으로 생각하라
17. 다른 각도에서 보아라
18. 고정 변수를 변화시켜라
19. 연속적이 아니라 주기적으로 하라
20. 유용한 작용을 쉬지 않고 지속하라
21. 유해하다면 빨리 진행하라
22. 유해한 것을 좋은 것으로 바꿔라
23. 피드백을 도입하라
24. 중간 매개체를 이용하라
25. 사용자가 하게 하라
26. 벤치마킹하라
27. 값싼 고안을 하라
28. 비유적으로 예시하라
29. 유동성을 부여하라
30. 보조 수단을 강구하라
31. 단순화하라
32. 기술을 이용해서 다르게 보라
33. 본질을 고수하라
34. 버리거나 다시 써라
35. 속성을 변화시켜라
36. 전체의 본질을 바꾸어라
37. 요인을 팽창, 수축시켜라
38. 자극하라
39. 안정시켜라
40. 융합하라(Convergence)

＊이 책의 부록 '나를 변화시키는 40가지 성공 원리'를 활용하세요.

지승룡(민들레영토 대표)

연대, 고대를 비롯한 대학가에 가면 어김없이 '민들레영토' 라는 카페를 볼 수 있습니다. 젊은이들을 위한 대화의 공간이자 학습 카페인 민들레영토를 만든 사람은 목사 출신의 지승룡 대표입니다.

그는 신학대학을 졸업한 후 성직자로서 사역을 시작했지만 개인적인 사정으로 그만둘 수밖에 없었습니다. 불시에 목사직을 그만두고 실업자가 된 그는 거의 매일이다시피 도서관에 가서 책을 읽으며 시간을 보냈습니다. 3년 동안의 실업자 생활 동안 3천여 권의 책을 보면서 활자를 통해 다양한 세계를 경험했다고 합니다.

그는 오랜 실업자 생활을 청산하고 젊은이들이 마음껏 쉬고 대화할 수 있는 카페를 시작하고 싶었지만, 가진 돈이 한 푼도 없었습니다. 그는 이러한 모순적 상황을 풀기 위해 떡장수를 시작했는데, 자본이 들지 않는 가래떡 장수를 하면서 조금씩 돈을 모아서 옷을 팔아 2년 만에 3천만 원을 모았습니다.

3천만 원을 종자돈으로 카페를 시작하기로 결심한 후, 연대 근처에서 점포를 알아보았지만 억대 이상의 보증금에는 턱없이 모자랐습니다. 그 돈으로 카페를 시작하는 것은 거의 불가능한 상태였지만, 그는 끝까지 포기하지 않고 뒷골목을 뒤지면서 임대료가 싼 점

116

포를 찾아다녔습니다.

마침내 번화가에서 한참 들어간 뒷골목의 기찻길 옆에서 작고 허름한 점포를 발견했지만, 보증금으로 7천만 원을 요구했습니다. 그는 몇 번을 찾아가서 사정한 끝에 어렵게 2천만 원에 계약할 수 있었습니다. 기찻길 옆의 33평방미터(10평) 점포를 손수 장식한 후 영업을 시작하려고 했지만, 무허가 건물이라는 이유로 영업 허가가 나오지 않았습니다. 카페를 열고 싶어도 영업 허가가 나지 않는 또 다른 모순적 상황에 봉착했던 것입니다.

지승룡 대표는 이 상황에서 새로운 아이디어를 생각해냅니다. 형식은 카페였지만 커피값을 받는 것이 아니라 카페라는 공간의 입장료를 받기로 한 것입니다. 일종의 '문화비'라는 입장료를 내면 그 안에서 커피도 마시고 간단한 스낵도 먹으면서 책도 보고 공부도 할 수 있도록 한 것입니다.

한편 그는 자신이 생각해 낸 새로운 컨셉의 카페 이름을 '민들레영토'라고 정했지만, 무허가라서 간판을 달 수 없는 문제가 또 발생했습니다. 이 때 지승룡 대표가 생각해 낸 해결책은 인간 마네킹이었습니다. 자신은 창가에 앉아서 책을 보고, 부인은 문 앞에서 알프스 소녀 같은 복장으로 책을 보면서 서 있었던 것입니다. 드문드문 그 앞을 지나가던 대학생들이 무슨 곳인지 궁금한 표정으로 한두 사람씩 들어오기 시작했습니다. 학생들은 그곳에서 커피 한 잔 가격으로 커피와 음료, 먹거리 등을 해결하면서 마음껏 대화하고 공부도 할 수 있었습니다. 새로운 형태의 카페였던 민들레영토는 학생들의 입소문을 통해서 인기 있는 문화 카페로 알려지게 되었습니다. 얼마 지나지 않아서 33평방미터의 공간은 330평방미터로 확장되었고, 지금은 서울과 지방을 비롯한 대학가에 분점이 생겼으며, 2007년에는 중국에도 분점을 열었다고 합니다.

민들레영토의 입장료(문화비) 방식은 영업 허가가 나지 않는 상황에서 지승룡 대표가 생각해 낸 창의적 사고의 산물이라 할 것입니다.

고정관념을 뛰어넘어라

경영학자이면서 심리학 박사인 미국 콜롬비아 대학의 번트 슈미트 Bernd H. Schumitt 교수는 경영과 마케팅의 문제를 심리학적으로 해석한 것으로 유명합니다. 그는 고정관념의 탈피에 대해 이렇게 말했습니다.

"성공한 경영과 평범한 경영의 차이는 '큰 생각Big think' 과 '작은 생각Small think' 의 차이에서 비롯된다. 틀에 박힌 작은 생각은 쓰레기통에 버려라. 통념이나 고정관념을 깨고 큰 생각을 하면 성공이 보인다."

그는 틀에 박힌 통념通念을 힌두교의 성우聖牛에 비유했는데, 성우는 기업이나 조직이 절대로 반대할 수 없는 통념이나 관행, 경영 신조의 의미로 사용했습니다. 머릿속에 성우가 자리잡고 있는 한 과거의 고정관념에 묶여서 새로운 생각을 할 수 없다는 것이지요.

그의 비유는 심리적인 문제로서 조직뿐만 아니라 개인의 의식 세계에도 그대로 적용됩니다. 개인의 머릿속에 '소' 가 자리잡고 있다면, 새로운 생각을 할 수 없을 뿐만 아니라 새로운 지식이나 정보조차 받아들이기를 거부하게 됩니다.

당신의 머릿속도 고정관념과 과거에 익숙해진 습관들에 둘러싸여 있다면, 그것은 닫힌 사고의 세계에서 살고 있는 것과 마찬가지입니다. 지금 당신이 알고 있고 경험한 것은 세상의 지식에 비하면 1퍼센트도 되지 않는다는 것을 알아야 합니다. 또한 1퍼센트도 되지 않는 지식과 경험으로 99퍼센트의 문제를 해결하겠다고 덤비는 것이 얼마나 무모한 것인지도 알아야 합니다.

당신이 고정관념을 뛰어넘어서 세상의 지식과 경험을 받아들이는 순간 성공의 본질을 볼 수 있습니다. 성공의 본질을 보고 자신이 부족하다는 것을 느낄 때, 당신은 고정관념에서 벗어나게 될 것입니다.

당신이 이 세상에 존재하는 99퍼센트의 지식과 경험을 보고 성공의 본질을 추구해 가는 열린 사고를 할 때 창의적인 생각이 나올 것이며, 그것을 실행하고 싶은 열정도 생길 것입니다.

닫힌 사고에서 열린 사고로의 전환은 성공으로 가는 첫 번째 전환점입니다. 모든 사람이 동등한 조건에서 시작할 때, 생각의 작은 차이가 나중에는 큰 거리의 차이를 만들어 낸다는 점을 명심하기 바랍니다.

익숙해져 있는 자아에서 탈피하라!

새로운 것을 보는 것만이 중요한 게 아니라
모든 것을 다른 눈으로 보는 법을
배우는 것이 더 중요하다.

석세스 플랜을 작성하라

"성공은 산 속에 있고 바다 속에 있다. 내가 그곳을 향해 가야지 저절로 나에게 다가오지 않는다."

산에 오르고 바다를 항해하려면 사전에 준비해야 할 것이 많습니다. 그 중에서 가장 중요한 것은 지도입니다. 바다에도 해도海圖가 있듯이 성공의 세계로 탐험을 떠나기 전에 성공 지도를 준비해 두어야 합니다. 지도에는 현재의 위치와 가야 할 목표 지점까지의 지형과 환경에 관한 정보가 포함되어야 합니다. 성공 지도는 성공 계획서와 같습니다. 따라서 성공 계획에는 목표하는 바와 현재의 상황이 구체적으로 표시되어야 합니다. 그리고 어떤 방법을 사용해서 목표 지점으로 이동할 것인지에 대한 전략을 수립해야 합니다.

· 나는 지금 어디에 있는가?
· 나는 어디로 갈 것인가?
· 어떻게 갈 것인가?

　자신이 어디에 있는지를 파악할 때는 장점과 약점이 성공을 위해 어떤 역할을 하는지 생각해 보아야 합니다. 그것은 성공으로 향하는 목표에 따라서 장점이 되기도 하고 단점으로 변하기도 합니다. 이 때 자기모순이 무엇인지도 알아야 합니다. 성공 계획에는 반드시 좋은 이야기만 있는 것은 아닙니다. 오히려 자신의 약점과 모순을 알아야만 그것을 극복할 수 있는 계획을 짤 수 있습니다. 성공 계획을 수립할 때는 고정관념을 넘어서 성공을 위한 핵심 요소가 무엇인지 파악한 다음, 그것에 접근하는 전략을 생각하는 것이 중요합니다. 현재의 능력으로 내가 무엇을 할 수 있는가를 생각하는 것보다 성공 요소 중에 나에게 부족한 것을 어떻게 보완할 것인가를 생각하는 것이 더 중요합니다. 자신에게 부족한 성공 요소를 보완하려고 할 때 성공 원리의 매트릭스를 이용하면 성공한 사람들의 성공 원리와 지름길에 대한 정보를 제공받을 수 있습니다. 성공 원리의 매트릭스에 의해 모순 해결 원리를 찾아냈다면, 마인드 중심의 계획서가 아니라 자신의 문제 상황을 해결할 수 있는 구체적이고 실천적인 계획서를 만들어야 합니다. 그리고 성공 계획서에는 주어진 자원들을 어떻게 활용할 것인지, 또한 목표로 가기 위해서는 무엇을 바꾸어야 하는지를 담은 변화 프로그램도 포함되어야 합니다. 성공 계획서는 양이 중요한 것이 아니라 단 한 장이어도 좋으니 그 안에 담겨 있는 성공 전략의 질이 더 중요합니다. 당신만의 성공 계획서를 지금 만들어 보세요.

김성오(육일약국, 메가스터디 대표)

전국에서 가장 작은 15평방미터(약 4.5평) 공간의 약국을 운영하던 약사가 대기업의 대표로 변신했습니다. 지금 소개하는 메가스터디의 김성오 대표는 마산 변두리에 위치한 '육일약국'의 약사였습니다. 그는 인터넷 비즈니스와는 전혀 관련이 없었던 약사 출신이지만, 육일약국의 성공 원리를 e-러닝 사업에도 그대로 적용하고 있습니다.

김성오 대표는 어려운 가정 형편 때문에 약대를 졸업한 후 곧바로 약국을 개업해서 돈을 벌어야 했습니다. 그러나 약국을 개업할 돈이 없어서 400만 원을 빌려 변두리에 15평방미터의 점포를 얻었습니다. 그의 약국이 15평방미터인 이유는 당시에 약국을 개설할 수 있는 최소 면적이 15평방미터였기 때문입니다.

그는 400만 원으로 점포를 얻었지만 약국에 진열한 약을 구입할 돈이 부족해서 빈 박스를 얻어 진열장을 채워야 했습니다. 간신히 약국을 개업했지만 손님이 전혀 찾아오지 않았습니다. 그는 어떻게 해야 손님이 약국을 찾아올 수 있는지 골똘히 생각했습니다. 그렇다고 광고를 하자니 돈이 없어서 그것도 불가능했습니다. 육일약국이 있는 동네는 워낙 변두리라서 마을버스조차 들어오지 않는 곳이었습니다. 김성오 약사는 마산 시내에 나갔다 들어오는 길이면 택시 기사에게 무조건 "육일약국 갑시다!"라고 말했습니다.

택시 기사가 육일약국을 모르는 것은 당연했기 때문에 만나는 기사마다 약국의 위치를 자세하게 설명해 주었습니다. 점차 육일약국은 그 동네의 이정표 역할을 하게 되었고, 동네 사람들도 택시를 타면 으레 "육일약국 갑시다!"라고 말할 정도가 되었습니다.

김성오 약사는 약을 팔기 전에 동네 사람들의 마음을 얻는 일이 가장 중요하다고 생각했고, 동네 사람들의 크고 작은 일을 찾아서 도왔습니다. 시골이라서 전화기도 귀한 시절이었기 때문에 약국의 전화를 밖으로 내놓고 누구든지 전화를 사용하도록 했습니다. 또한 길을 물어보는 사람이 있으면 가운을 벗어놓고 그 집까지 직접 안내해 주었습니다. 또한 약국에 찾아오는 사람은 탁자에 앉도록 한 다음 자세하게 상담해 주었습니다. 이렇게 해서 점차 동네 사람들은 육일약국을 찾는 일이 잦아졌고, 김성오 약사는 그 동네에서 가장 친절한 사람으로 알려지게 되었습니다.

육일 약국이 점차 성장하면서 김성오 약사는 경영을 공부하기 시작했습니다. 당시 경제 신문을 보던 중 '미국의 월마트가 대형 할인점으로 성공했다' 는 기사를 보고, 그는 마산역 앞에 대형 약국을 개설하기로 결심합니다. 그의 예상대로 대형 약국은 성장을 거듭했습니다. 이에 자신감을 얻은 그는 소규모 중소기업을 인수하여 경영자로 변신하게 됩니다.

그는 기업을 경영하면서 마산에 있는 것보다는 서울로 가는 것이 좋겠다는 생각을 하고 있던 중 메가스터디로부터 부사장직을 제의받고 서울로 올라옵니다. 메가스터디에서 e-러닝 사업의 가능성을 읽은 그는 중학생을 위한 e-러닝 사업을 하기로 결심한 후 'M베스트'라는 벤처 회사를 설립했습니다.

M베스트는 말이 벤처 회사지 김성오 대표와 사원이 한 명 뿐인 초미니 회사였습니다. M베스트는 중학생을 위한 e-러닝 사이트였지만, 단순히 교과목만 가르치는 것이 아니라 학생들에게 공부하는 방법을 지도하는 멘토링 기능을 병행했습니다. 처음에는 단 두 명에 불과했던 회원이 나날이 늘기 시작하여 몇 달 만에 수만 명의 회원을 확보하게 되었습니다. 중학생을 위한 e-러닝이 급성장하는 것을 본 메가스터디에서 중등부와 고등부를 연결하면 좋겠다는 생각에서 M베스트를 인수하겠다고 제의합니다. 김성오 대표는 메가스터디와 합치면 시너지 효과가 있을 것으로 판단하여 메가스터디와 합병한 후 중등부 대표가 됩니다. 메가스터디의 시가 총액은 2조 원대로 대기업 수준에 이를 정도입니다.

10여 년 전에는 마산 변두리의 보잘것없는 약국 주인이었던 김성오 약사는 국내 최대의 교육 전문 기업인 메가스터디의 대표가 되었습니다. 그는 어떻게 해서 성공할 수 있었을까요? 그것은 바로 자기모순과의 싸움에서 이겼기 때문입니다.

수증기가 다 빠지기 전에 압력 밥솥을 열면 큰일 난다.
노력과 인내 없이 남들 보다 빨리 성공하기를 바라는 것은 모순이다.

성공은 과정을 통해서 이루어진다.
최선을 다했다면 기다릴 줄 알아야 한다.

성공 계획의 실행에 집중하라

말로는 꿈을 멋지게 이야기하고 벽에는 멋진 계획을 써 붙여 놓았지만, 실제로는 그렇게 하지 못하는 사람들이 있습니다. 이런 사람들에게 비전은 비전일 뿐 현실이 되지 못합니다. 실천하지 않는 비전은 비극입니다. 왜냐하면 영원히 이룰 수 없기 때문이지요.

목표가 있으면 전략을 세워야 하고 전략은 행동을 통해서 완성됩니다. 그리고 전략이 실행되려면 그 전략에는 영혼과 열정이 들어가 있어야 합니다. 전략이 실행으로 옮겨지게 하려면 다음과 같은 사항에 유념해야 합니다.

- 현실을 정확하게 파악하라.
- 목표와 우선순위를 명확하게 설정하라.
- 모든 계획은 적극적으로 추진하라.
- 실행을 위한 계획을 수립하라.

- 자신의 역량이 무엇인지 파악해서 개발하라.

- 열정적으로 행동하라.

- 포기할 것은 과감하게 포기하라.

- 과거와 단절할 것은 미련없이 단절하라.

- 작은 성공을 먼저 체험하라.

- 자신을 믿어라.

하루에 한 가지씩
성공 원리를 실행하라

일본 최고의 부자인 손정의 소프트뱅크 회장은 젊은 시절에 300개의 낱말 카드를 만든 후, 아침마다 세 장의 카드를 뽑아서 나온 세 개의 단어를 조합하여 새로운 사업 아이템을 만들었다고 합니다. 그는 이 방법을 사용해서 1년에 250건의 사업 아이템을 만들어 냈습니다.

손정의 회장처럼 임의로 고른 세 가지 단어의 조합 속에서 새로운 사업 아이디어를 찾는 것은 고정관념을 뛰어넘어 창의력을 발휘하기에는 더없이 좋은 방법입니다. 이 때 세 가지 단어를 조합하고 해석하여 연결고리를 찾아내거나 상상력을 발휘하는 것은 사람마다 제각기 다를 것입니다.

성공 습관을 몸에 익히는 것도 마찬가지입니다. 행동에 옮기기 전에 성공 원리를 중심적으로 생각하는 것이 우선되어야 합니다. 앞에서 설명했던 40가지 성공 원리를 생활 속에서 적용해 보고 일할 때나 생각할 때에도 이 원리를 응용해 보세요. 손정의 회장이 그랬던 것처럼

40가지 성공 원리를 하루에 한 가지씩 실천해 보는 겁니다.

이 책에는 '나를 변화시키는 성공 원리 40가지'를 부록으로 첨부했습니다. 40가지 성공 원리 중에서 아침마다 한 가지를 선택한 다음 그날 하루만큼은 그 성공 원리에 따라서 생각하고 행동해 보세요. 조금씩 당신의 삶에 변화가 시작되는 것을 느낄 수 있습니다.

예를 들어, 첫 번째 날에 성공 원리 1번(나누어라)을 선택했다면 그날은 하루 종일 나누는 것에 대해서만 생각하세요. 시간을 나누는 것, 공간을 나누는 것, 물질을 나누는 것, 기능을 나누는 것, 시장을 나누는 것, 고객을 나누는 것 등 당신이 평소에 생각하지 못했던 것들이 계속해서 떠오를 것입니다.

이처럼 성공 원리를 이용해서 생각하는 습관을 들이면, 자신의 생활 혹은 생각 중에 너무 뭉뚱그려서 생활하거나 생각한 것은 아닌지 반성할 수도 있습니다. 또한 좀 더 구체적으로 생각하다 보면 무엇인가 새로운 아이디어가 떠오를 수도 있습니다.

이런 식으로 40가지 성공 원리를 모두 실천한다면 성공 원리가 생각 속에 녹아들고, 생활 속에 반영되어 당신의 삶은 자신도 모르게 변화될 것입니다.

이영석(총각네 야채가게)

동네 어디서나 볼 수 있는 작은 야채가게로 출발해서 기업형 유통점으로 키운 젊은이가 있습니다. 이번에 소개하는 총각네 야채가게의 이영석 대표는 오징어 장수 행상으로 시작했지만, 조금씩 자본을 모아서 점포가 있는 가게로 키웠고, 다시 20여 개가 넘는 분점을 개설하여 유통 네트워크를 만들었습니다.

이영석은 스물다섯 살에 직장을 그만두고 실업자 생활을 하던 중 우연히 한강 둔치에서 어느 오징어 장수를 만났다고 합니다. 다시 직장생활을 하는 것보다는 장사를 해서 성공하는 것이 낫겠다고 생각한 이영석은 그 자리에서 오징어 장수의 조수로 일을 시작했습니다.

그는 선배 행상을 따라다니며 물건은 어디서 구입하고, 어디로 가서 어떻게 장사하는지를 기초부터 배웠다고 합니다. 그는 새벽에 일어나서 수도권 곳곳을 찾아다니며 장사하는 일이 힘들기 보다는 오히려 즐거웠다고 합니다. 또한 그는 시장을 아는 것도 중요한 노하우라고 생각했기 때문에 장사하는 법에 대해서는 어떻게 해서든 배우려고 노력했습니다.

이영석은 어느 정도 장사의 기술을 터득한 후, 돈을 빌려서 봉고 트럭을 구입하여 직접 장사를 시작했습니다. 그는 장사를 시작한지

1년이 되지 않아서 빌린 돈을 갚고도 꽤 많은 돈을 모았습니다. 자신이 직접 봉고 트럭을 운전하며 서울의 이곳저곳을 찾아다니며 여러 가지 물건을 팔다가 한 곳에 정착해서 파는 것이 좋겠다는 생각을 하게 됩니다. 그렇게 해서 자리를 잡은 곳이 대치동 은마아파트였고, 품목은 생필품 중에서 야채만을 팔기로 결정했습니다.

은마아파트 후문에서 야채가게를 시작한 이영석은 행상 조수에서 행상으로, 다시 가게 주인으로 한 단계씩 자신의 꿈을 이루어 가기 시작합니다.

기존의 야채가게와는 차별화 된 가게를 만들고 싶었던 그는 가장 먼저 은마아파트에 사는 고객이 누구인지, 그리고 그들이 원하는 과일이 무엇인지를 생각해 보았습니다. 마침내 이영석은 40대 주부를 주된 고객으로 정했고, 그들의 입맛에 맞는 '싱싱하고 맛있는 과일'을 팔기로 했습니다. 그는 맛있는 과일을 고르기 위해 매일 새벽 두 시에 가락시장으로 가서 직접 과일을 잘라 맛을 본 다음 구입했습니다. 고객의 입맛에 맞는 과일을 고르기 위해서는 직접 먹어 보는 방법 외에는 없었기 때문입니다.

그는 맛있는 과일을 고르기 위해 술과 담배조차 끊었다고 합니다. 그는 좋은 과일을 골라낼 수 있는 '혀' 가 과일 장수의 가장 큰 자산이라고 생각했습니다. 그러한 이유로 이영석은 자신의 혀로 하루에 150개 이상의 과일을 먹어 보면서 맛있는 과일을 골랐습니다. 그가 골라온 과일에 주부들은 만족했고 '총각네 야채가게의 과일은 믿을 수 있다' 는 소문이 퍼지면서 큰 인기를 얻게 됩니다.

이영석은 욕심을 자제하고 당일에는 재고가 남지 않도록 팔 수 있는 물량보다 조금 적게 구입했습니다. 아무리 싱싱한 과일도 재고가 남으면 신선도가 떨어지기 때문에 당일 구입해서 당일 판매하는 것을 원칙으로 했던 것입니다. 그의 이러한 노력은 고객들에게 인정을 받았고, 마침내 주부들은 총각네 야채가게로 몰려들기 시작했습니다. 은마아파트 후문의 허름한 점포에서 시작한 그의 야채가게는 두 곳에서 다섯 곳으로, 열 곳에서 스무 곳으로 점점 성장하고 있습니다.

이영석의 야채가게는 어떻게 해서 성공할 수 있었을까요?

그는 비록 맨손으로 행상에서 출발했지만 자신의 고객을 만들어 내기 위해 끊임없이 생각했고, 장사에 대한 열정으로 자신의 일에 최선을 다했습니다. 즉 이영석을 과일 유통업계의 거인으로 성장시킨 원동력은 바로 고객 맞춤 능력과 야채가게에 대한 열정이었던 것입니다.

버려라!

맛을 보는 '혀'가 생명이라면
술과 담배를 끊어야 하듯이
당신의 꿈을 이루기 위해
포기해야 할 것이 있다면
지금 이 순간 과감히
떨쳐 버려라.

그리고
마지막 힘을 다해서
빠져버린 열정의 코드를
다시 꽂읍시다.

계획이 현실이 되게 합시다!

PART 03

성공 원리를
내 것으로 만들기

나에게 남아 있는 화살을 찾아라

나에게 주어진 여덟 가지 기회

　우리는 흔히 가진 것이 없어서 성공하지 못한다고 생각하는 경향이 강합니다. 하지만 아무 것도 가진 것이 없었던 에디슨은 세계 최고의 발명가이자 세계 최고의 기업인 제너럴 일렉트릭의 창업자가 되었습니다.

　사실 에디슨에게는 발명하기만 하면 히트 상품이 되게 만든 계기가 있었습니다. 에디슨이 전신 기사로 일을 시작한지 5년 뒤인 1869년에 투표 기록기를 발명하고 처음으로 특허를 취득합니다. 그가 만든 투표 기록기는 의원들이 투표 결과를 빨리 집계할 수 있는 장치여서 에디슨은 미국 각 주의 의회와 연방의회에 이 기계를 팔 수 있을 것으로 생각했습니다. 하지만 그에게 돌아온 의회의 답변은 간단했습니다.

　"젊은이, 이것은 우리가 원하는 것이 아니요."

　참담한 실패를 경험한 에디슨은 앞으로 팔리지 않는 제품은 절대로 만들지 않겠다는 다짐을 했고, 이 생각은 일생 동안 그의 발명품에 영향을 미치게 됩니다.

그 후 에디슨은 발명의 소재를 신문에서 찾는 것을 좋아하게 되었습니다. 신문은 생활의 통조림과 같아서 그 안에는 사회 트랜드와 사람들의 관심 사항들이 농축되어 있기 때문입니다.

에디슨은 신문과 잡지를 보거나 거리를 관찰하며 사회에서 요구하는 것과 필요로 하는 것을 발견하고, 그것을 충족시킬 수 있는 적절한 아이디어를 계속해서 떠올렸습니다.

에디슨은 길거리를 걸을 때도 다른 사람의 행동이나 대화 내용을 유심히 관찰했습니다. 즉 사소한 정보라도 그 의미를 생각해 보고 남의 이야기를 건성으로 듣는 것이 아니라 목적의식을 가지고 면밀하게 분석했던 것입니다. 그 결과 좋은 아이디어가 떠오르면 즉시 메모했습니다. 에디슨이 일생 동안 기록한 메모와 아이디어 노트는 거의 500만 매에 이르는 방대한 분량이라고 합니다. 이를 통해서 에디슨은 사회 트랜드나 사람들의 요구를 파악할 수 있었고, 그것을 충족시킬 수 있는 새로운 제품을 만들어 냈던 것입니다.

성공을 위해서 나에게만 특별한 기회가 주어지기를 기대하기 보다는 주변에서 발견할 수 있는 평범한 기회들을 활용해서 특별한 가치를 만들어 내는 것이 더 중요합니다. 우리 주변에서 흔히 볼 수 있는 신문, 잡지, 책, 정보들의 의미를 생각해 보고 해석하는 습관을 들여 보세요.

또는 여행을 통해서 내가 알지 못했던 새로운 세계가 있다는 것을 발견하거나 새로운 사람들을 만나서 대화하다 보면 내가 잊고 있었던 새로운 기회를 발견할 수도 있습니다.

당신이 가지고 있는 능력 중에서 녹슬어 있는 부분이 있다면 학습을 통해 기름칠을 하고, 새로운 기술과 결합해서 당신만의 차별화 된 능력을 키워 나갈 수도 있습니다. 당신도 이제부터는 열린 마음으로 세상을 바라보고, 당신이 가진 능력을 활용해서 새로운 아이디어를 만들어 내세요. 그리고 직접 실행해 보세요. 기회는 결코 당신을 피해 도망가지 않을 것입니다.

[나에게 주어진 여덟 가지 기회]

나에게 주어진 일곱 가지 자원

　1980~1990년대의 영화에 등장한 영웅적 인물로는 '람보'와 '록키' 등이 있었고, TV 프로그램에 등장한 인물로는 '맥가이버'가 있었습니다. 람보는 엄청난 힘과 강력한 무기를 바탕으로 위기에서 탈출하는 전쟁 영웅인 반면, 맥가이버는 힘을 쓰거나 무기를 이용하지 않고 위기를 탈출하는 영웅이었습니다.

　맥가이버는 주변에 있는 평범한 도구들을 이용해서 폭탄을 만들기도 하고, 무기처럼 만들어 내는 능력이 있었습니다. 그는 강력한 테러리스트와 맨손으로 대응해야 하는 모순적 상황에서도 주변의 평범한 자원을 이용해서 위기 상황을 탈출하곤 했습니다. 그에게는 다기능 주머니칼이 하나 있는데, 그것을 '맥가이버 칼'이라고 불렀습니다. 맥가이버 칼을 이용하면 쓰레기통에 있는 하찮은 물건도 강력한 무기로 바뀔 수 있었습니다.

　우리는 성공을 위해 새로운 자원Resource이 공급되기를 원하지만, 그것은 현실적으로 어려운 일입니다. 오히려 주변에 있는 평범해 보이는 자원들을 효과적으로 이용하는 것이 오히려 성공에 도움이 됩니다.

하워드 슐츠는 스타벅스를 창업한 사람이 아닙니다. 그는 스타벅스가 좋아서 대기업의 부사장직을 그만두고 도중에 합류했지만, 이태리식 카페 모델을 응용해서 기존의 스타벅스 공간을 혁신적으로 바꾼 것입니다. 그는 이태리식 카페 모델이라는 정보와 기존의 스타벅스 공간이라는 자원을 활용해서 스타벅스를 오늘날의 모습으로 재창조한 것입니다.

창의력 기법인 트리즈TRIZ의 원리는 기존의 자원을 효과적으로 활용해서 새로운 발명을 만들어 내는 것에 있습니다. 즉 하나의 자원과 상황 속에서도 어느 각도에서 보느냐에 따라서 전혀 다른 창조물이 나올 수 있다는 것을 의미합니다.

트리즈 기법에서 발명에 응용되는 입곱 가지 자원은 다음과 같습니다.

- 물질의 특성
- 시간차
- 정보
- 기능
- 사람

· 공간

· 분야

이러한 입곱 가지 자원은 누구나 가지고 있습니다. 다만 이 자원들의 의미를 제대로 이해하지 못하고, 창의적으로 활용하지 못할 뿐입니다.

석세스 멘토링을 활용하라

사람은 저마다 개성과 직업이 다르고, 처한 상황도 모두 다릅니다. 그러나 한 가지 공통점은 모든 사람이 성공을 갈망하고 있다는 점입니다. 이 때 가장 중요한 것은 각기 다른 상황에서 어떤 방식으로 위기에 대처하고, 자기모순을 제거하면서 성공을 향해 나아가느냐에 따라 결과가 달라진다는 것입니다.

또한 사람들은 각자 자신의 방법대로 성공을 향해 나아가지만, 경우에 따라 방향이 잘못될 수도 있고 위기가 닥칠 수도 있습니다. 게다가 나름대로 열심히 하는데도 잘 안 되는 원인이 무엇인지 모를 경우도 있습니다. 그때 자신이 실패하는 문제의 본질이 무엇인지를 알려 주고, 그 문제를 일으키는 자기모순이 무엇인지를 알려 주는 사람이 있다면 해결 방법을 찾아내는 데 큰 도움이 될 것입니다.

지금까지는 이런 일은 불가능에 가까웠습니다. 하지만 이 책에서 제시한 맞춤식 성공 원리의 모델은 개인의 상황에 맞는 성공 방법을 제시해 주는 것을 가능하게 해줍니다. 또한 맞춤식 성공 원리의 모델은 각 개인이 처한 독특한 상황에서 발생한 특정 문제를 어떻게 해결해야 하는지를 알 수 있도록 합니다.

성공 원리의 모델은 각 개인이 처한 독특한 상황에서 성공을 위해 필요한 요소 중에서 무엇이 부족한지를 찾아내고, 그것을 해결할 수 있는 성공 원리를 제시합니다. 여기서 제시하는 성공 원리들은 수천 명의 성공한 사람들이 비슷한 상황에서 어떻게 그 모순을 해결했는지를 파악하여 성공 원리로 만들어 놓은 것입니다. 따라서 각 개인이 자신의 상황에서 성공에 장애가 되고 있는 모순 요인을 정의한 다음, 모순 매트릭스에 대입하면 그 상황에 맞는 성공 원리가 도출됩니다.

[성공원리 모델]

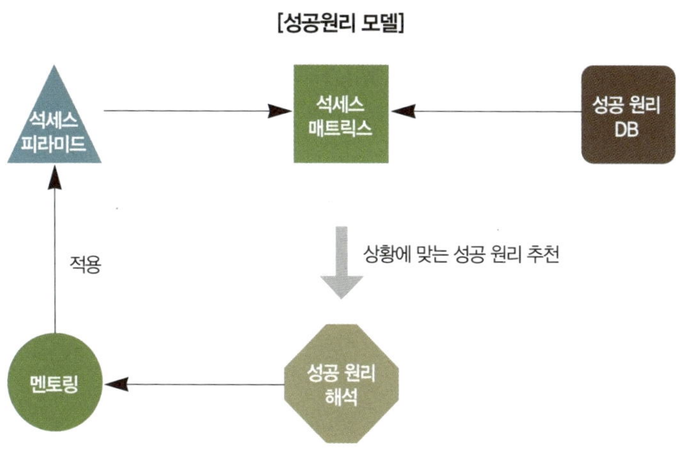

훌륭한 멘토를 찾아라

경험이 많을수록 고정관념이 강해집니다. 고정관념이 강해지면 근시안近視眼이 되어서 눈앞에 있는 것만 보고, 그것도 자기중심적으로 생각하게 됩니다. 따라서 고정관념이 강한 사람에게 고정관념을 깨라는 이야기는 의미가 없게 됩니다.

트리즈는 고정관념을 깨고 문제의 본질을 보게 함으로써 천재들의 아이디어를 활용하게 하는 유용한 기법이지만, 이것마저도 고정관념이 강한 사람에게는 무용지물입니다. 이 때 고정관념을 깨고 새롭게 자기발견을 할 수 있도록 도와주는 사람이 코치입니다. 코치는 숨은 능력을 발견하고, 그것을 끄집어내는 역할을 합니다.

축구감독으로 유명한 히딩크는 우리나라 선수들이 체구는 작지만, 유럽의 선수들과 싸워서 이길 수 있다는 가능성을 보고 선수를 선발했습니다. 과거의 축구감독들은 유명 선수를 중심으로 선입견을 가지고 선발했지만, 히딩크는 고정관념에 따르지 않고 잘할 수 있는 유망 선수를 중심으로 구성했습니다. 그리고 유럽 선수를 이길 수 있는 방법으로 스피드와 압박이라는 전술을 훈련시켰습니다. 결국 히딩크는 체구가 작은 우리나라 선수들이 체구가 큰 유럽 선수를 이김으로써 모순을 해결할 수 있었습니다.

이처럼 코치는 선수 스스로도 보지 못하는 능력을 찾아주기도 하고, 선수나 팀이 안고 있는 모순 요소를 찾아내서 그것을 해결할 수 있는 방법을 알려 주기도 합니다.

사람은 자신의 성공을 스스로 만들어 가야 하지만, 경우에 따라서는 자신이 가지고 있는 강점과 약점을 제대로 알지 못할 수도 있습니다. 또한 자신이 가지고 있는 능력이 세상에서 얼마만큼 유용하게 쓰일 수 있는지를 모를 때도 있습니다. 설사 자기모순을 안다고 해도 그것을 어떻게 해결해야 하는지 몰라서 허둥지둥할 때도 있습니다.

이 때 코치는 각 개인의 능력과 상황에 맞게 지도하는 역할을 합니다. 다만 운동 코치는 정해진 게임의 룰이 있어서 코칭하기가 수월하지만, 성공 멘토는 정해진 룰이 있는 것도 아니고 개인의 상황이 워낙 다르기 때문에 훨씬 더 어렵습니다.

따라서 성공 멘토는 개인의 능력이나 상담 스킬에 따라 멘토링의 내용이 달라질 수 있기 때문에, 멘토 경험이 있으며 역량이 검증된 사람을 선택하는 것이 중요합니다.

자네는 성공할 재능을 가지고 있는가?
예!
있다면 왜 성공하지 못했지?
……
그건, 자네 마음속을 들여다보니……. 자네 스스로 성공할 수 있다는 것을 믿지 않았기 때문이네.

당신은 자신을 믿습니까?

당신의 멘토는 누구인가

　　멘토의 방법에는 여러 가지가 있습니다. 멘토와 멘티가 직접 만나서 멘토링을 하는 경우와 온라인으로 멘토링을 하는 경우도 있습니다. 자신이 혼자서 상상 속의 멘토를 만나서 멘토링을 받을 수도 있습니다.

　　심리학자 칼 사이몬튼Carl Simonton은 상상 속의 멘토를 만드는 방법에 대해 다음과 같이 설명하고 있습니다.

- 심신을 충분히 이완시킨 뒤 정신의 영화관으로 들어간다.
- 나에게 무한한 지혜와 능력을 빌려 줄 어떤 사람을 끊임없이 등장시킨다.
- 이들에게 '멘토'라는 이름을 붙여 준다.
- 멘토와 정신적 교제를 시작한다.

　　예를 들면, 멘토에게 이런 질문을 던질 수 있을 것입니다.

"당신이라면 이 경우에 어떻게 생각하겠는가?"

"당신이라면 이 문제를 어떻게 풀겠는가?"

"당신이라면 이 경우에 어떻게 행동하겠는가?"

"당신이라면 이 일을 어떻게 진행시키겠는가?"

필자는 상상 속에서 '모차르트, 에디슨, 알츠슐러, 칼릴 지브란, 스티브 잡스, 금난새' 라는 여섯 명의 멘토를 만납니다. 이들은 새벽에 만나기도 하고, 원고를 쓰다가 만나기도 하고, 밤에 잠들기 전에 만나기도 합니다.

모짜르트는 주로 글을 쓰면서 아이디어의 한계를 느낄 때, '당신은 창의력이 고갈되었을 때 어떤 방법으로 아이디어가 샘솟게 하였는가?' 라고 묻습니다.

창의력이 부족함을 느낄 때는 이른 새벽에 알츠슐러를 만납니다. 그는 창의력 기법인 트리즈를 만든 러시아 사람인데, 그의 방법론을 사용하면 새로운 생각이 떠오르곤 합니다. 철학적으로 부족함을 느낄 때 책꽂이에 꽂혀 있는 책을 꺼내서 그를 만납니다.

새로운 결심을 하고 그 일의 추진이 망설여질 때는 스티브 잡스를 만나서 '당신이라면 이 일을 어떻게 진행시키겠는가?' 라고 묻습니다.

수많은 고정관념들과의 싸움에 지쳐갈 때는 새로운 아이디어로 관중을 감동시키는 금난새 지휘자를 만나서 '당신이라면 이 경우에 어떻게 행동하겠는가? 라고 묻습니다.

실패를 거듭할 때는 에디슨을 만나서 당신은 이 문제를 어떻게 풀겠는가? 라고 묻습니다.

온라인 멘토링을 활용하라

　　성공을 향한 과정이 순탄하지만은 않습니다. 때로는 앞으로 나아가다가 길을 잃을 수도 있고, 예상하지 못했던 위기를 맞을 수도 있습니다. 따라서 험난한 성공 탐험에 도움이 되는 도구를 준비하는 것이 좋습니다.

　　준비 단계에서 생각을 정리하고 전략을 구상할 때 책을 읽으면 도움이 됩니다. 교육을 통해서 마음을 가다듬고 정리할 수도 있지만, 자신만의 특수한 상황에서는 도움이 되지 않습니다.

　　실제로는 교육보다 멘토링이 더 효과적입니다. 멘토링을 통해서 각자의 상황에 맞게 성공 계획을 수립하고, 실행 과정에서 생기는 문제를 해결할 때 도움을 받을 수 있기 때문입니다. 멘토링 카페는 소규모 집단에서 석세스 플래닝의 요령을 알려 주고 개인적으로 멘토링을 해 주는 방법입니다.

　　필자는 '온라인 멘토링' 이라는 새로운 석세스 프로세스와 원리를 프로그램으로 개발하여 웹사이트를 만들어 놓으면, 언제 어디에서나 멘토의 도움을 받을 수 있다는 생각을 하게 되었습니다. 그래서 이 책을 집필하는 동안, 필자는 본문에 수록된 '석세스 플랜 만들기'를 이용하여 인터넷으로 멘토링을 받을 수 있는 웹사이트(www.successplan.kr)를 개발했습니다. 이 사이트에 접속하면 언제 어디에서나 석세스 매트릭스를 이용하여 자신의 상황에 맞는 멘토링을 받을 수 있습니다.

예를 들어, 석세스 플랜 사이트에 들어와서 자신의 문제 상황을 입력하면, 그것을 해결할 수 있는 성공 원리가 자동적으로 제시되는 방식입니다.

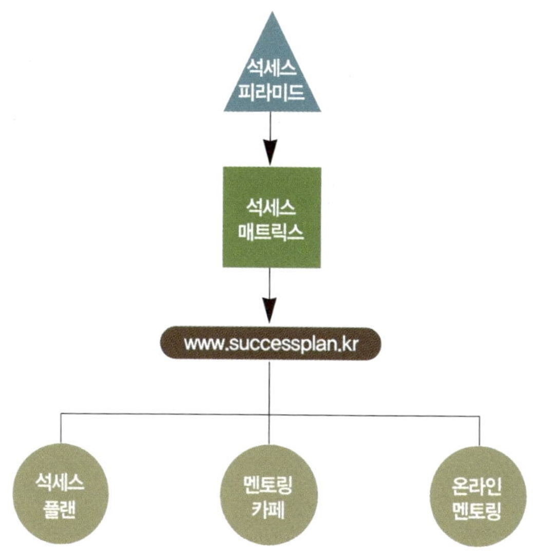

생각하는 방식,
일하는 방식에 따라 결과는 달라진다.

10년 후에도 펌프질을 하고 있을 것인가?

오늘은 어제의 보상이다

사람들은 학창 시절에는 열심히 공부하지만, 학교를 졸업하면 그 즉시 공부와 담을 쌓는 경우가 많습니다. 그나마 학교에서는 지식 위주의 교육을 하다 보니 삶에서 부딪치는 문제에 대처하는 방법은 가르치지 않습니다. 실제로 사회생활을 하다 보면 많은 지식이 필요한 것이 아니라 문제 해결력과 창조력이 요구되는데, 이런 것은 어디에서도 가르치지 않는 것이 현실입니다. 정작 개인들의 관심은 '성공'이지만, 어떻게 하면 성공할 수 있는지는 그 어느 곳에서도 가르쳐 주지 않습니다.

일부 커뮤니티에서는 재테크나 성공학에 대해서 교육을 실시하고 있습니다. 이러한 교육 현장에 가보면 무척 많은 사람들이 찾아옵니다. 심지어 부산이나 창원, 광주 등 지방에서 휴일을 희생하면서까지 성공학 강의를 듣기 위해 서울로 올라옵니다. 하지만 이러한 교육은 주말에 특강 위주로 진행되다 보니 성공한 사람의 성공담을 듣는 수준에 그치고 맙니다.

성인을 대상으로 하는 성공학 교육은 자기발견의 장이 있어야 합니다. 성인은 어느 정도 지식과 경험을 가지고 있기 때문에 새로운 지식을 축적하는 것보다는 자신이 가지고 있는 지식과 정보 중에서 자신의 성공에 무엇이 중요한 것인지를 재발견하는 과정이 필요한 것입니다. 경우에 따라서는 너무 많은 것을 알고 있고 고정관념이 강해서 오히려 무엇을 해야 하는지 모르고 있는 경우도 많습니다.

'석세스 플랜' 교육은 자기 자신을 재발견하고 성공으로 가는 지름길을 찾는 과정입니다. 또한 석세스 플랜에 참여한 사람은 성공 원리의 매트릭스를 이용하여 자신에게 맞는 성공 원리를 찾아낼 수 있을 뿐만 아니라, 성공 원리를 자신의 성공 원리로 재가공하는 방법을 배우게 됩니다.

삶의 주인공은 '당신' 자신입니다. 성공학 교육을 통해 자신을 재발견하고, 가야 할 방향을 정하고, 지름길을 발견했다면 행동은 당신만이 할 수 있다는 것을 명심하세요.

오늘은 어제의 보상입니다. 어제 준비한 사람은 오늘이 보상이겠지만, 준비하지 못한 사람에게는 오늘이 형벌이 될 수도 있습니다.

내일의 성공을 원한다면 오늘 당장 준비를 시작하세요.

어떤 자세로 인생을 대하고 있습니까?

Sucess Plan **2**부

석세스 플랜 만들기

김영한의 석세스 플랜

필자는 지난 35년 동안 여러 번의 성공과 실패를 반복해 왔습니다. 세일즈맨으로 출발해서 삼성전자의 임원이 되었으나 대학 교수가 되고 싶어서 마흔 살에 사표를 내고 대학원에 입학해서 공부를 시작했습니다. 이후 삼성전자에서 쌓은 마케팅 능력을 바탕으로 기업체에서 강의와 컨설팅을 했는데, 한 때는 국내 최고의 컨설턴트로 불리기도 했습니다.

이에 자신감을 얻은 필자는 컨설팅 회사를 설립했고, 한창 성장을 거듭하던 회사는 IMF 외환위기의 고비를 극복하지 못한 채 파산하고 말았습니다. 이후 몸과 마음을 추스른 후, 인터넷 비즈니스 분야의 벤처 기업을 설립해서 CEO가 되었으나 닷컴 버블과 함께 물거품이 되고 말았습니다.

계속된 두 번의 파산은 빚만 남긴 채 모든 것을 빼앗아 가고 말았습니다. 비록 맨손으로 시작할 수밖에 없는 상황이었지만, 필자는 처음부터 다시 시작한다는 마음가짐으로 강의 활동을 시작했습니다. 또한 그동안의 경험을 살려서 틈틈이 원고 작업도 계속했습니다. 이런 와중에 쉰 살이 넘어서 대학 교수가 되는 행운이 제게 찾아왔습니다. 마침 그 시기에 제가 집필했던 몇 권의 책이 베스트셀러가 되었습니다. 아마도 인생의 굴곡이 심했던 제 경험이 독자들의 공감을 얻었던 것 같습니다.

필자는 맨손으로 시작해서 재기에 성공할 수 있었습니다. 하지만 그 시기에 필자는 반복되는 성공과 실패의 과정 속에서 어떻게 하면 성공할 수 있는지를 끊임없이 생각했습니다.

'나는 왜 실패했을까?'

'어떻게 하면 다시 성공할 수 있을까?'

이러한 고민이 머릿속을 떠나지 않았던 것이지요. 그래서 수많은 책을 읽어 보는 한편으로 교육을 받기도 했습니다. 독서와 교육은 흐트러진 생각을 정리하고 용기를 북돋우는 데에는 어느 정도 도움이 되었습니다. 그러나 내가 무엇을 잘못해서 실패했는지, 그리고 실패한 상황을 어떻게 하면 벗어날 수 있는지에 대한 답을 얻지는 못했습니다. 당시는 워낙 답답했던 상황이었기 때문에, 나름대로 이런저런 방법을 계속 시도했습니다. 하지만 그러한 방법들은 상황을 더 악화시키기도 했고, 어떤 방법은 조금씩 도움이 되기도 했습니다.

이러한 경험을 통해서 필자는 과거와 같은 실패를 반복하지 않으려면 누구에게나 적용 가능한 석세스 플래닝 스킬이 필요하다는 것을 알게 되었습니다. 이 책의 주제가 된 '성공 활쏘기 5단계' 라는 석세스 플랜은 이렇게 해서 만들어진 것입니다.

다음에 제시하는 '석세스 플랜' 사례는 필자의 사례를 적용한 것입니다. 여러분이 석세스 플랜 작성법을 이해하는 데 도움이 될 것입니다. 직접 적어 보면서 당신만의 석세스 플랜을 만들어 보기 바랍니다.

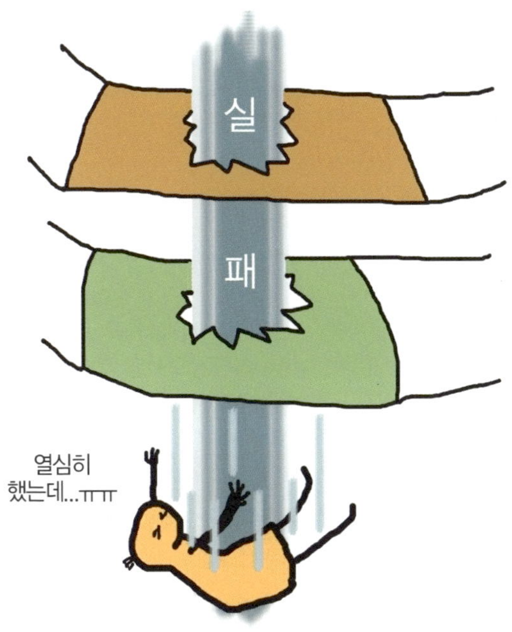

[석세스 플랜] 사례_1

나는 첫 번째 단계인 '방향 설정(Aim)'에서 자신의 상황을 입체적으로 조명하기 위해 가장 먼저 SWOT 분석을 해보았다.

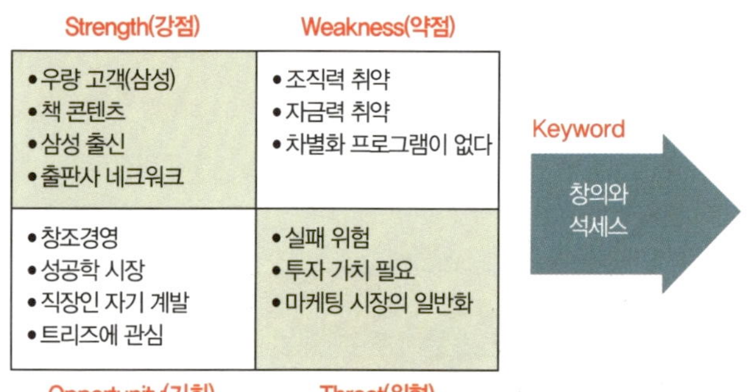

원고 집필에 있어서 단기적인 목표는 내 책이 국내에서 베스트셀러가 되는 것이고, 장기적인 목표는 미국 아마존닷컴 인터넷 서점에서 베스트셀러가 되는 책을 집필하는 것입니다.

	비전	전략
나의 장기적인 꿈은	미국에서 베스트셀러	● 경영 기법에 관한 책 ● 영어로 저술
1~3년 내에 이루고자 하는 목표	베스트 강사	● 기업 트랜드에 맞는 강의 ● 성공 컨설턴트의 석세스 멘토

[석세스 플랜] 사례_2

필자는 기업 경영 분야에서 마켓 트랜드에 맞는 최고의 강사가 되겠다는 목표를 세웠습니다. 이 목표를 달성하려면 어떤 전략이 필요한지를 생각해 봅니다. 하지만 필자는 최고의 강사가 갖추어야 할 전략을 모두 가지고 있지 못한 모순을 안고 있습니다. 이러한 문제점을 모델링(Modeling)하면 다음과 같습니다.

- 베스트 강사가 되려면 고품질의 강의 능력과 최고의 콘텐츠를 가지고 있어야 한다.
- 그러나 나는 과거의 방식으로 강의하고 있으며, 다른 강사들과 같은 콘텐츠의 교재를 사용하고 있다.
- 새로운 콘텐츠를 개발해야 함에도 불구하고 강의에 쫓기다 보니 개발한 시간이 부족한 문제(모순점)를 안고 있다.

이러한 모델링을 도표로 정리하면 다음과 같습니다.

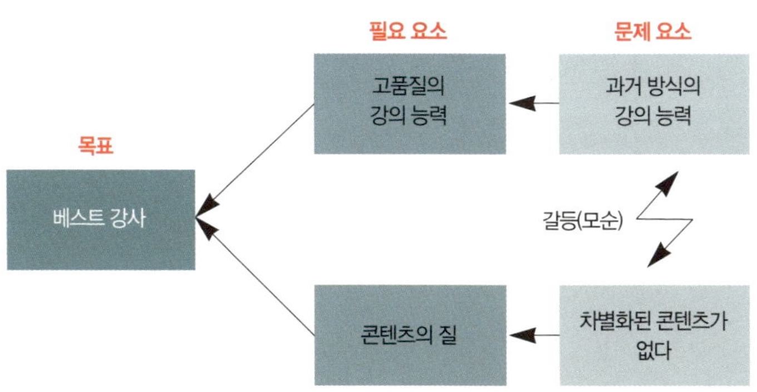

[석세스 플랜] 사례_3

필자는 아직도 성공을 가로막고 있는 걸림돌인 자기모순을 안고 있다고 생각했기 때문에 과거의 방식을 고수할 것이 아니라 자기모순을 해결해서 새로운 방법으로 일을 추진하고 싶었습니다.

필자는 기능 요인에서 모순점이 있는 것으로 생각하고 모순 요소를 찾아보았습니다. 스킬은 어느 정도 있는 것 같은데 시장의 니즈에 맞는 적절한 상품을 만들어 내는 상품화 능력이 부족한 것을 자기모순 요소로 보았습니다. 스킬과 상품화 요소가 교차되는 셀(Cell)에서 다음과 같은 다섯 가지 해결 원리를 찾아냈습니다.

해결 원리	
26	벤치마킹을 하라
27	값싼 고안을 하라
35	속성을 변화시켜라
40	융합하라
1	나누어라

[석세스 플랜] 사례_4

자기모순을 발견하지 못하거나 해결하지 못하는 것은 고정관념에서 벗어나지 못했기 때문입니다. 성공 원리 매트릭스는 강제적으로 고정관념을 뛰어넘는 방법입니다. 필자의 경우에는 성공 원리 매트릭스를 이용해서 다섯 가지 해결 원리를 찾아내었고, 그 원리에 적용할 수 있는 개선 방법을 생각해서 다음과 같은 실행 방안을 수립했습니다.

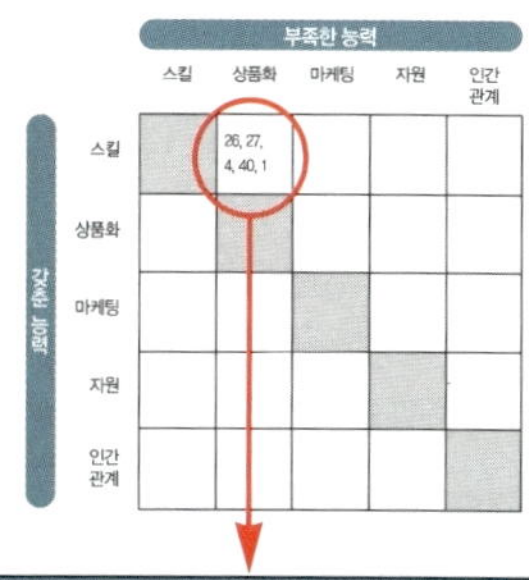

	해결 원리	사례	나의 아이디어
1	나누어라	물체를 독립적 하위 시스템으로 나눈다	비지니스와 성공학 분리
26	벤치마킹하라	최고의 실행 방안을 찾는다	석세스 멘토링
35	속성을 바꿔라	디지털 시스템으로 변화시킨다	인테넷 온라인 사이트
27	값싼 고안을 하라	저렴한 용품을 만든다	석세스 플래너
40	융합하라	재료를 통합하여 새로운 구조를 만든다	석세스 멘토링 카페

해당 셀에서 제시   해당 원리의 사례들   자신의 상황에 맞게 응용

＊다른 사례는 첨부한 '나를 변화시키는 성공 원리 40가지' 와
'석세스 플랜 사이트(www.Successplan.kr)'를 참조하세요.

[석세스 플랜] 사례_5

필자는 성공 원리 매트릭스에서 찾아낸 해결 원리를 보고 나에게 맞는 새로운 해결 방안을 수립했습니다.

- 비즈니스 성공 원리를 성공학에 응용해 본다.
- 성공학 책을 플래너 형태로 만들어 본다.
- 트리즈의 원리를 이용해서 온라인 멘토링 사이트를 만든다.
- 오프라인 멘토링과 온라인 멘토링을 연결해서 새로운 성공학 프로그램을 만든다.
- 이러한 계획을 종합해서 석세스 플랜 도서와 웹사이트를 만든다.

[석세스 플랜을 이용한 원투원 멘토링]

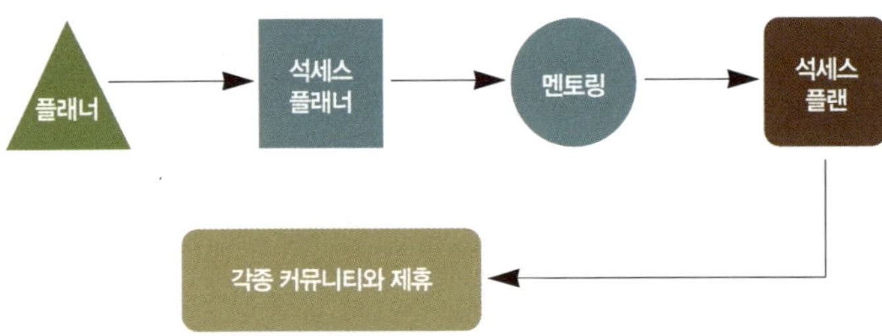

자기모순 체크리스트

‘나는 능력을 가지고 있는데, 왜 성공하지 못할까?’

‘나는 이렇게 노력하는데, 왜 성공하지 못할까?’

자기중심적 사고에서 생각하면 자신에게 무엇이 부족한지를 알 수 없습니다. 성공은 객관적인 관점에서 보아야 합니다. 성공을 위해서는 자신에게 필요한 요소가 무엇인지, 그 요소 중에서 갖추지 못한 것은 무엇인지, 어떻게 해야 부족한 것을 갖출 수 있는지를 생각해야 합니다. 앞에서 설명한 것처럼 석세스 피라미드는 ‘기능 요인’, ‘프로세스 요인’, ‘비전 요인’ 으로 구성되어 있다고 했습니다. 다시 기능 요인은 스킬 · 상품화 · 마케팅 · 자원 · 인간관계 요소로 구성되고, 프로세스 요인은 유연성 · 문제 해결 · 창의력 · 자신감 요소로 구성되며, 비전 요인은 비전 · 리더십 · 철학 요소로 이루어집니다.

성공하려면 이들 요소를 모두 갖추어야 하지만, 이 모두를 갖춘 사람은 매우 드물지요. 대부분의 사람들은 이러한 성공 요소를 부분적으로 가지고 있거나 어떤 요소는 아예 가지고 있지 못한 경우도 있습니다. 이 때 자신에게 부족한 요소가 바로 '성공을 위한 자기모순' 입니다. 성공한 사람들은 자신이 안고 있는 자기모순을 찾아내고, 그것을 적절한 방법으로 해결한 사람들입니다.

성공하고자 하는 사람이나 더 큰 성공을 원하는 사람은 가장 먼저 자기모순을 찾아내야 합니다. 뒤에 나오는 자기모순 체크리스트를 통해서 성공 요소 가운데 자신에게 무엇이 부족한지를 스스로 점검해 보기 바랍니다.

[자기모순 체크리스트]

다음 질문을 읽고 'Yes' 또는 'No' 로 표시하라.

A. 기능 요인

1. 스킬
	Yes	No
• 나는 성공에 필요한 능력이 무엇인지 알고 있다.	☐	☐
• 나에게는 남보다 잘할 수 있는 능력이 있다.	☐	☐
• 나는 전문적인 능력을 인정받고 있다.	☐	☐
• 나는 능력 향상을 위해 노력하고 있다.	☐	☐
• 나는 이 시대에 필요한 능력을 갖추고 있다.	☐	☐

2. 상품화
	Yes	No
• 나는 나 자신을 상품이라고 생각한다.	☐	☐
• 나는 나의 능력을 상품화할 수 있다.	☐	☐
• 나는 내가 가진 능력을 남에게 팔 수 있다.	☐	☐
• 나는 내가 가진 전문 능력을 활용할 수 있다.	☐	☐
• 나는 나 자신의 상품성을 높이기 위해 노력하고 있다.	☐	☐

3. 마케팅
	Yes	No
• 나는 트렌드의 흐름을 읽고 있다.	☐	☐
• 나는 남이 보지 못하는 기회를 발견할 수 있다.	☐	☐
• 나는 나의 고객이 누구인지 알 수 있다.	☐	☐

· 나는 내가 가진 능력을 적극적으로 알린다.   □   □
· 나의 능력을 다른 사람들이 인정해 준다.   □   □

4. 자원

	Yes	No
· 나는 자금을 가지고 있다.	□	□
· 나는 시간을 가지고 있다.	□	□
· 나는 정보를 가지고 있다.	□	□
· 나는 기술을 가지고 있다.	□	□
· 나는 자원을 가지고 있다.	□	□

5. 인간관계

	Yes	No
· 나는 필요한 사람을 내 편으로 만들 수 있다.	□	□
· 나는 다른 사람들과 우호적인 관계를 유지할 수 있다.	□	□
· 나는 좋은 인맥을 가지고 있다.	□	□
· 나는 나에게 도움을 줄 수 있는 사람을 확보하고 있다.	□	□
· 나에게는 성공을 도와줄 수 있는 사람이 있다.	□	□

B. 프로세스 요인

1. 유연성

	Yes	No
· 나는 시장의 변화에 유연하게 대처한다.	□	□
· 나는 새로운 정보를 적극적으로 수집한다.	□	□
· 나는 이성과 감성을 조화시킨다.	□	□
· 나는 어려운 일이 발생하면 유연하게 대처한다.	□	□

	Yes	No
• 나는 모순이 발생하면 유연하게 해결한다.	☐	☐

2. 문제 해결

	Yes	No
• 나는 불확실성을 포용한다	☐	☐
• 나는 문제를 논리적으로 접근한다.	☐	☐
• 나는 남이 풀지 못한 문제를 해결한다.	☐	☐
• 내가 제안한 해결책이 채택된다.	☐	☐
• 나는 다른 의견을 가진 사람을 설득할 수 있다.	☐	☐

3. 창의력

	Yes	No
• 나는 호기심이 많다.	☐	☐
• 나는 상상한 것을 구체적으로 표현할 수 있다.	☐	☐
• 나는 새로운 아이디어를 자주 낸다.	☐	☐
• 나는 새로운 것을 자주 만들어 낸다.	☐	☐

4. 자신감

	Yes	No
• 나는 내가 하는 일에 자신감을 가지고 있다.	☐	☐
• 나는 실패를 두려워하지 않는다.	☐	☐
• 나는 나 자신에게 동기를 부여할 수 있다.	☐	☐
• 나에게는 기회를 발견하는 능력이 있다.	☐	☐
• 나는 남다른 성과를 창출해 낸다.	☐	☐

C. 비전 요인

1. 비전   Yes   No

	Yes	No
· 나는 미래를 보는 방향 감각을 가지고 있다.	☐	☐
· 나는 성공을 향한 꿈을 꾸고 있다.	☐	☐
· 나에게는 중장기적인 목표가 있다.	☐	☐
· 나는 비전을 기록해 두고 수시로 확인한다.	☐	☐
· 나에게는 비전을 달성하기 위한 전략이 있다.	☐	☐

2. 리더십

	Yes	No
· 나는 항상 계획을 세워서 일을 한다.	☐	☐
· 나는 하고 싶은 일을 찾아서 한다.	☐	☐
· 나는 우선순위를 정해서 중요한 일부터 먼저 한다.	☐	☐
· 나는 다른 사람의 열정을 이끌어 낼 수 있다.	☐	☐
· 나는 팀워크를 통해 탁월한 성과를 만들어 낸다.	☐	☐

3. 철학

	Yes	No
· 나는 내가 하는 일에 대한 철학이 있다.	☐	☐
· 일에 대한 나의 철학에 다른 사람이 공감한다.	☐	☐
· 나는 핵심 개념에 대한 이해력이 높은 편이다.	☐	☐
· 나는 반성하는 시간을 자주 갖는다.	☐	☐
· 나는 즐겁게 일한다.	☐	☐

1. 기능 요인, 프로세스 요인, 비전 요인 중에서 부족한 요소를 체크한다.

2. 기능 요인, 프로세스 요인, 비전 요인의 각 성공 요소를 체크한 후 'Yes'로 답한 문항의 수를 확인한다.

3. 성공 요소의 문항 중에서 'Yes'로 답한 문항의 수가 3개 이상이면 자신이 '갖춘 능력'이고, 2개 이하이면 자신에게 '부족한 능력'이다. 마지막으로 다음 표에 '기능 요인', '프로세스 요인', '비전 요인' 별로 보유한 능력과 부족한 능력을 표시한다. 여기서의 기준은 절대적인 것이 아니라 상대적으로 높은 점수가 '보유한 능력'이고 낮은 점수가 '부족한 능력'이다.

요인	갖춘 능력	부족한 능력
기능 요인		
프로세스 요인		
비전 요인		

(예)

요인	갖춘 능력	부족한 능력
기능 요인	스킬, 상품화	마케팅, 자원, 인간관계
프로세스 요인	유연성, 창의력	문제 해결, 자신감
비전 요인	비전, 철학	리더십

석세스 플랜 만들기

나만의 맞춤형 석세스 플랜을 만들어 보자

 # SWOT 분석하기

- SWOT 분석을 통해서 당신의 강점과 약점, 기회와 위협을 입체적으로 생각하고 적어 보라.

- 성공 비전을 설정한 다음 장기적인 꿈과 단기적인 목표를 구분해서 적어 보라.

	비전	전략
나의 장기적인 꿈은		
1~3년 내에 이루고자 하는 목표		

 # 문제를 객관화하라

문제가 발생했을 때는 고민한다고 해서 저절로 해결되지 않는다. 문제 해결을 위해서는 가장 먼저 문제의 본질이 무엇인지를 명확히 해야 한다. 문제의 본질을 알려면 목표를 분명히 하고, 그 목표를 구현하는 데 방해가 되는 모순 요소를 찾아내야 한다. 문제를 모델링할 수 있다면 이미 절반은 해결된 것이다.

문제의 본질이 무엇인지 명확해졌다면 당신이 고민하고 있는 문제를 아래 양식에 따라 모델링을 해보라.

당신의 목표는 무엇인가? 그 목표를 달성하기 위해 필요한 요소는 무엇인가? 당신은 필요한 요소를 가지고 있는가? 그 요소들 간에 발생하는 문제 요소는 무엇인가?

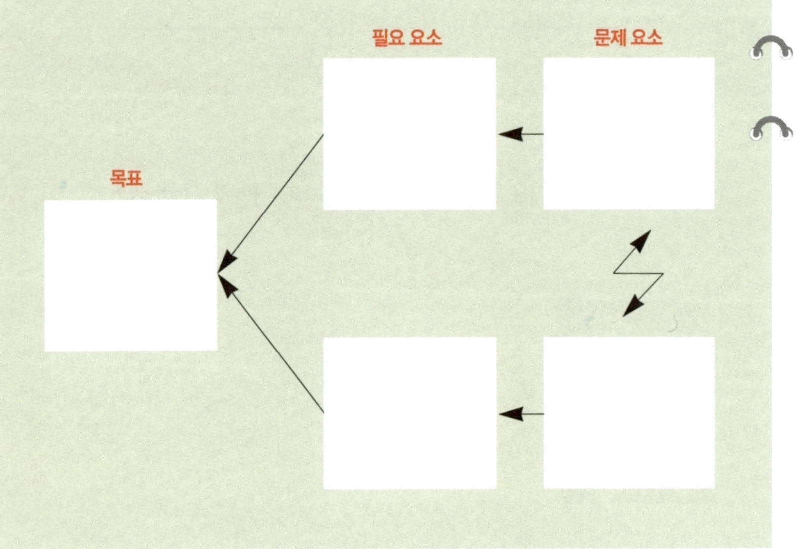

석세스 매트릭스를 이용할 때는 자신의 상황 중에서 성공 요소에 적합한 요소를 찾아 파라미터를 대입해 본다.

1 자신의 성공을 이루기 위해 갖추어야 할 요인이 어느 단계인지를 '비전 요인', '프로세스 요인', '기능 요인' 중에서 선택한다.

2 해당 요인 내에서 자신이 갖추고 있는 능력과 부족한 능력을 선택한다. 이것은 각 성공 요소의 모순적 관계를 파악하는 단계이다.

3 매트릭스 내에서 갖추고 있는 요소와 부족한 능력의 요소가 교차하는 셀에 해당되는 모순 문제를 해결할 수 있는 성공 원리를 도출한다.

[기능 요인]

갖춘 능력 \ 부족한 능력	스킬	상품화	마케팅	자원	인간관계
스킬		26, 27, 4, 40, 1	14, 13, 8, 31. 38	6, 35, 5, 3, 34	2, 23, 8, 29, 23
상품화	32, 36, 4, 40, 10		7, 10, 24, 4, 38	5, 11, 40, 37, 34	28, 19, 20, 29, 25
마케팅	33, 3, 24, 40, 12	7, 4, 8, 23, 30		37, 25, 24, 15, 34	14, 7, 4, 40, 22
자원	26, 3, 6, 9, 17	33, 1, 10, 20, 32	37, 38, 30, 20, 40		24, 12, 28, 29, 21
인간관계	11, 30, 21, 7, 3	29, 8, 12, 7, 38	23, 29, 38, 15, 40	6, 30, 15, 17, 34	

해결 원리

＊셀 내의 번호는 자기모순 체크리스트를 통해 찾아낸 40가지 성공 원리의 고유 번호를 의미한다. 115쪽과 167쪽을 참조하세요.

[프로세스 요인]

갖춘 능력 \ 부족한 능력	유연성	문제해결	창의력	자신감
유연성		15, 28, 29, 6, 35	30, 15, 13, 29, 3	17, 40, 30, 3, 15
문제해결	25, 15, 1, 28, 37		27, 25, 19, 40, 1	11, 32, 37, 24, 25
창의력	12, 3, 7, 31, 28	4, 25, 19, 1, 18		4, 7, 25, 2, 24
자신감	35, 30, 14, 2, 19	2, 22, 35, 17, 34	11, 13, 2, 25, 24	

[비전 요인]

갖춘 능력 \ 부족한 능력	비전	리더십	철학
비전		26, 35, 38, 25, 8	33, 7, 15, 20, 17
리더십	38, 29, 40, 12, 6		8, 14, 17, 26, 15
철학	35, 37, 38, 26, 31		

셀 내의 번호는 해결 원리의 고유 번호를 의미한다.

석세스 플랜 작성 _ ①

성공 원리 매트릭스의 해당 셀(Cell)에 제시된 해결 원리를 자신의 상황에 맞게 적용한다.

	해결원리	사례	나의 아이디어

해당 셀에서 제시   해당 원리의 사례들   자신의 상황에 맞게 응용

실행 계획			
무엇을	어떻게	언제	비고

석세스 플랜 작성 _ ②

● 당신이 활용 가능한 자원은 무엇인가?

시간	
사람	
공간	
정보	
기술	
특기	
분야	

석세스 플랜 작성 _ ③

- 나의 멘토가 될 사람(혹은 온라인)은 누구인가?
- 그에게 어떻게 지도를 받고, 자기 계발은 어떻게 할 것인지를 아래 표에 기록해 보자.

나의 멘토는	
멘토링 프로그램	
자기 계발 계획	
학습 계획 (단기)	
학습 계획 (장기)	

자기모순 해결과 성공 원리 습관

영화 '300'은 페르시아군 30만 명이 스파르타를 침공했을 때 스파르타 전사 300명이 이들과 맞서 싸운 상황을 그리고 있습니다. 영화에는 페르시아 군이 스파르타 군을 향해 일제히 화살을 쏘아대는 장면이 나옵니다. 수만 명이 일시에 화살을 쏘자 마치 화살이 하늘을 가린 것처럼 보입니다. 이 때 스파르타 군은 방패를 둥그렇게 만들어서 그들의 몸을 보호합니다.

이 장면은 마치 우리가 성공을 향해 무수히 화살을 쏘아대지만 실패라는 방패가 그 화살을 막아내고 있는 것이 아닌가 하는 생각이 듭니다.

필자도 그동안 성공을 향해 화살을 쏘아대었지만 모두가 헛방이었거나 자기모순이라는 방패에 걸려서 성공이라는 과녁에 화살을 명중시키지 못했습니다. 필자는 몇 번의 실패 끝에 나에게 남은 마지막 화살 하나가 있다는 생각으로 원고도 쓰고, 열심히 강의를 했습니다. 다행히 그 마지막 화살은 필자에게 행운을 가져다주었고, 실패의 수렁에서 벗어날 수 있었습니다.

만약 당신에게 마지막 한 발의 화살이 남아 있다면 어디로 쏘겠습니까?

당신이 성공을 원한다면 마지막 한 발의 화살을 쏘기 전에 당신이 안고 있는 자기모순을 발견하세요. 그리고 그 모순을 스스로 해결하세요. 그것이 힘들다고 느껴진다면 멘토의 도움을 받으세요. 당신에게 주어진 시간을 사용해서 성공 원리를 습관화하세요. 그것만이 성공의 지름길입니다.

필자의 서재에는 천 권 정도의 책이 있는데, 그 중에서 한 달에 한두 번씩 꺼내 보는 것은 책이 아닌 플래너입니다. 그것도 다이어리 형태의 플래너가 아니라 아무 것도 적혀 있지 않은 백지 형태의 플래너입니다. 필자는 생각날 때마다 나의 생각과 꿈을 플래너에 기록합니다. 5년째 이 플래너를 쓰고 있는데, 그곳에는 나의 생각이 변해 가는 과정과 꿈이 고스란히 담겨 있습니다.

당신도 필자처럼 꿈의 플래너를 하나쯤 가지고 있으면 당신이 꿈꾸는 비전의 내비게이터 역할을 할 수 있지 않을까요?

이 책이 석세스 플래너로서 당신이 꿈꾸는 비전의 내비게이터가 되었으면 합니다. 책을 보면서 느낀 생각들을 책에 메모하고, 부록으로 첨부한 '40가지 성공 원리'를 실천해 보세요. 더 좋은 생각이 떠오를 때마다 계속해서 업데이트해 보세요.

당신의 꿈과 비전이 담긴 석세스 플래너를 가까이에 두고, 스스로를 격려하면서 성공을 향해, 비전을 향해 뚜벅뚜벅 걸어가세요.

내가 만난 세 사람의 멘토

이 책을 집필하면서 필자는 세 명의 멘토를 만날 수 있었습니다.

첫 번째 멘토는 이 책의 카툰을 그린 최윤규 대표입니다. 필자는 기존의 성공학 책과는 차별화 되면서 재미있는 책을 만들기 위해서는 일러스트나 카툰북 형태로 만들어져야 한다고 생각했습니다.

일러스트 작가는 꽤 있었으나 심리적 요인을 재미있게 표현하는 데에 카툰이 더 효과적이라고 생각했습니다. 그러나 원하는 카툰 작가를 만나는 것이 쉽지 않았습니다. 뜻이 있으면 길이 있다는 말처럼, 토요일 조찬 세미나에 참석했다가 최윤규 대표의 강의를 들을 수 있었습니다. 그는 자신이 직접 그린 카툰을 보여주면서 강의했는데, 카툰의 의미 전달력이 매우 뛰어나다는 것을 느낄 수 있었습니다. 강의 중에 그가 마흔 살이 넘어서 카툰을 그리기 시작했으며, 사업에 실패해서 호떡장수도 한 적이 있다는 이야기를 듣고 그의 카툰에 깊은 의미가 담겨 있는 이유를 알게 되었습니다.

그 후 그의 사무실로 찾아가 이 책의 카툰을 그려달라고 부탁했고, 최윤규 대표가 흔쾌히 수락해서 함께 작업을 진행하게 되었습니다. 글을 쓰고 카툰을 그려서 연결해 가는 동안 최윤규 대표는 필자에게 여러 가지 조언을 해주었습니다. 글이 일반인이 이해하기에는 다소 어렵다거나 컨셉이

선명하지 않아서 카툰을 그릴 때 약간의 혼란이 온다는 이야기를 들을 때, 필자는 그의 이야기가 옳다고 생각했습니다. 그는 필자의 원고를 자기 회사 직원들에게 읽혀 보고 몇 사람의 의견을 청취해서 그들의 반응을 들려주기도 했습니다.

필자는 그의 의견을 반영해서 몇 차례에 걸쳐 글을 수정했으며, 스토리라인의 구성과 컨셉의 설정, 시놉시스를 짜는 데 그의 멘토링은 큰 도움이 되었습니다.

두 번째 멘토는 카이스트KAIST 경영대학원의 김성희 교수입니다. 그가 이 책을 완성하는 데 직접 관여한 것은 아니지만, 석세스 플랜의 체계를 잡는 데 간접적으로 도움을 주었습니다. 필자가 이 책을 집필하는 동안 카이스트와 새로운 의사결정 방법론을 공동으로 연구하고 있었습니다. 이 책의 핵심이 되는 방법론의 체계를 잡는 일은 전적으로 김성희 교수의 높은 학식과 뛰어난 발상력에서 많은 도움을 얻었습니다. 이 때 잡힌 체계가 이 책의 석세스 플랜을 구성하는 데 결정적인 역할을 했습니다. 물론 김성희 교수가 직접 멘토링을 한 것은 아니지만, 시기적절한 때에 좋은 아이디어를 내게 주었습니다.

세 번째 멘토는 사람이 아니라 '스터디 플래너'입니다. 스터디 플래너는 '케이스'라는 학습지 회사에서 만든 학습 멘토 프로그램인데, 고등학생들이 학습 계획을 효과적으로 세울 수 있도록 도와주는 플래너입니다. 이 플래너는 단순한 플래너가 아니라 웹사이트로 연결되어 학습 방법을 멘토링해 줍니다.

필자는 스터디 플래너가 이 책의 석세스 플랜에도 그대로 적용된다고 보았고, 이 책을 웹사이트와 연결해서 석세스 멘토링을 하기로 결정했습니다.

원고 집필에 들어갈 때는 성공에 대한 책을 써보겠다고 시작했지만, 최윤규 대표를 만나면서 카툰이 추가되었고, 김성희 교수의 도움으로 석세스 방법론의 체계가 잡혔습니다. 그리고 스터디 플래너의 아이디어를 응용해서 온라인 멘토링을 할 수 있는 웹사이트까지 개발하게 되었습니다.

세 명의 멘토로부터 도움을 받아 책을 마무리하면서 빅토르 위고[Victor Hugo]의 말이 떠오릅니다.

"시기적절한 때에 좋은 아이디어처럼 강력한 힘은 없다."

나를 변화시키는 40가지 성공 원리

1. 나누어라

A. 하위 시스템으로 나눈다.
B. 조립과 분해가 쉽게 만든다.

〈사례〉
- 대학생을 위한 문화 카페(민들레 영토)
- 중등학생용 e러닝 사이트(M베스트)

2. 뽑아내라

A. 불필요한 특성을 제거한다.
B. 필요한 특성은 뽑아낸다.

〈사례〉
- 증권 객장에서 전광판 제거(미래에셋)
- 동물 쇼가 없는 서커스(태양 서커스)

3. 국부적으로 최적화하라

A. 각 부분을 최적의 작동 조건으로 만든다.

B. 여러 부분이 서로 다른 기능으로 작동하도록 만든다.

〈사례〉

- 고객의 입맛에 맞는 주문 커피(스타벅스)
- 해설이 있는 청소년 음악회(금난새)

4. 차별화하라

A. 남과 다른 요소를 찾아낸다.

B. 자신만의 강점을 찾아낸다.

〈사례〉

- 차별화된 디자인(애플컴퓨터)
- 간접 투자 펀드 상품(미래에셋)

5. 한 번에 동시에 하라

A. 연관된 기능을 통합한다.

〈사례〉

● 쇼핑과 옥션 기능을 갖춘 오픈마켓(G마켓)

● 스팀 청소기(한경애)

6. 하나에 여러 기능을 연결하라

A. 하나의 기능에 여러 기능을 연결함으로써 다양한 효과가
발생하도록 만든다.

〈사례〉

● 프라이빗 뱅킹

　(자산 관리, 자산 운영, 투자를 동시에 제공)

● 커피 바리스타

　(주문, 제조, 서빙을 함께 수행)

7. 짝짓기를 하라

A. 하나의 의 객체를 다른 객체 속에 넣는다.

〈사례〉
- 개인 병원 의사들이 모여서 공동 개원(예치과)
- 중등 학습과 고등 학습 사이트를 통합
  (메가스터디)

8. 개방하고 활성화시켜라

A. 상승력을 갖는 다른 것과 결합시킴으로써 활성화를 유도한다.
B. 개방과 참여를 유도한다.

〈사례〉
- 개방과 참여로 제작한 백과사전(위키피디아)
- 사용자 참여형의 지식 포털 사이트(구글)

9. 미리 반대 방향으로 조치하라

A. 나쁜 결과가 나오지 않도록 미리 반대 조치를 취한다.

〈사례〉

- 고객을 대신해서 사전에
  과일 맛보기(총각네 야채가게)

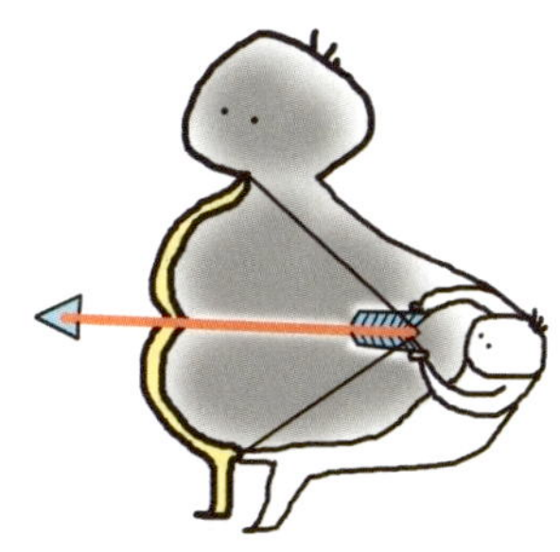

10. 미리 조치하라

A. 요구되는 작업을 사전에 수행한다.

〈사례〉

- 나무를 베는 데 8시간이 필요하다면,
  나는 도끼를 가는 데 6시간을 쓸 것이다.
  (링컨)
- 자기 계발을 통한 자격증 취득

11. 사전에 예방 조치하라

A. 미리 안전 및 예방 조치를 취한다.

〈사례〉

- 컴퓨터 바이러스 백신(안철수)
- 판매량 감소를 대비하여 판매망을
  분산하여 운영

12. 효과적인 자원을 도출하라

A. 효과적인 자원을 이용하여 환경을 변화시킨다.

〈사례〉

- 자연 친화적인 환경을 최대한 이용(남이섬)
- 지리적으로 가까운 특성을 이용하여
  태국에 아랍인을 위한 병원 개원

13. 거꾸로 하라

A. 반대 효과를 활용한다.
B. 역발상을 한다.

〈사례〉

- 카페에서 커피값을 받는 대신
  문화 입장료를 받는다. (민들레영토)
- 두바이의 사막에 스키장을 건설

14. 곧은 개념을 구부려라

A. 평면을 곡선으로 바꾼다.
B. 직선 운동을 회전 운동으로 바꾼다.

〈사례〉

- 신발 바닥을 곡선으로 만든 워킹 슈즈
  (마사이 신발)
- 두바이의 해안선을 곡선화한
  팜아일랜드

15. 부분적으로 자유를 부여하라

A. 다른 상황에서도 최고의 능력을 발휘할 수 있도록 환경을 조성한다.

〈사례〉

- 환자 중심의 친절한 의사(예치과)
- 업무 시간의 20퍼센트를 개인 프로젝트에 사용(구글)

16. 극단적으로 생각하라

A. 많거나 적게 하여 문제를 해결한다.
B. 금단의 영역에 도전한다.

〈사례〉

- 사막 위에 160층 건물을 신축(두바이)
- 12월 31에 열리는 재야 음악회(금난새)

17. 다른 각도에서 보라

A. 다른 시각으로 본다.
B. 반대쪽에서 바라본다.

〈사례〉

- 정수기의 렌탈 판매(웅진)
- 동물의 행동하는 모습을 보여주는
  일본의 아사히야마 동물원

18. 고정 변수를 변화시켜라

A. 고정된 상황을 바꾸어 본다.

〈사례〉

- 방문해서 학습을 지도(눈높이 학습)
- 기업을 찾아가는 음악회(금난새)

19. 연속적이 아닌 주기적으로 하라

A. 연속적인 조치를 주기적인 조치로 바꾼다.

B. 작은 여러 개를 큰 것 하나로 바꾼다.

〈사례〉

- 연주회마다 고객의 희망곡을 조사 (금난새)
- 유명 강사의 강의 동영상을 모아서 e러닝 사이트를 개발(메가스터디)

20. 유익한 작용은 쉬지 않고 하라

A. 유익한 기능을 중단하지 않는다.

〈사례〉

- 보일러 판매점에서 여름에는 에어콘을 판매(귀뚜라미)
- 은행의 온라인 뱅킹

21. 유해하다면
빨리 진행하라

A. 위험한 요소를 배제하기 위해
고속으로 진행한다.

〈사례〉

- 입원하지 않고 당일 치료(우리들 병원)
- 고속도로 톨게이트의 통과 시간을
줄이는 하이패스 시스템

22. 유해한 것을
유익한 것으로 변화시켜라

A. 유해한 요소를 이용하여 유해함을 제거한다.
B. 유해한 요소를 배양해서 유익함을 만들어 낸다.

〈사례〉

- 추위를 이용한 얼음 축제(하얼빈)
- 찜질방의 열을 이용한 헤어트리트먼트 팩

23. 피드백을 활용하라

A. 피드백으로 반응을 확인한다.

〈사례〉

- 중등학생 학습을 지도하는
  멘토링 서비스(M베스트)
- 인터넷 커뮤니티 사이트

24. 중간 매개체를 이용하라

A. 작용 수행을 위해 매개체를 사용한다.

〈사례〉

- 결혼 중매 사이트
- 간접 투자(펀드)

25. 사용자가 하게 하라

A. 사용자가 스스로 하게 만든다.
B. 유휴 자원을 활용한다.

〈사례〉

- 사용자가 제작하는 UCC 콘텐츠(유튜브)
- DIY(Do it youself) 가구

26. 벤치마킹을 하라

A. 최고의 실행 방법을 찾는다.
B. 대체 수단을 활용한다.

〈사례〉

- 이탈리아의 카페를 벤치마킹하여 새로운 모델을 만든 스타벅스
- 강의식 교육을 e러닝으로 대체(자격증 시험 대비 교육 사이트)

27. 값 싼 아이디어를 활용하라

A. 값 싼 방법으로 바꾼다.
B. 일회용품으로 바꾼다.

〈사례〉

- 비싼 배너 광고가 아닌 값 싼
  키워드 광고로 전환(구글)
- 정수기의 렌탈 판매(웅진)

28. 비유적으로 예시하라

A. 비유를 들어 표현한다.
B. 다른 감각으로 바꾼다.

〈사례〉

- 펭귄을 날게 하라
  (일본 아사히야마 동물원)
- 할인점에서 빵 굽는 냄새를 활용
  해 판매를 촉진한다.

29. 유동성을 발휘하라

A. 단단한 것을 부드러운 것으로 대체한다.
B. 소프트웨어 기능을 추가한다.

〈사례〉

- 유연한 생산 방식(다품종 소량 생산)
- MP3에 소프트웨어 기능과 콘텐츠 강화
  (애플 아이팟)

30. 보조 수단을 찾아라

A. 본질을 강화시키는 보조 수단을 찾는다.
B. 본질을 보호할 수 있는 보조 수단을 찾는다.

〈사례〉

- 공부 방법의 멘토링 서비스
- 외주 시스템을 이용한 개발

31. 가볍고 단순하게 하라

A. 가볍게 한다.
B. 단순화시킨다.

〈사례〉

- 포장 단순화로 저가 화장품 개발
  (더 페이스 숍)
- 조작 방법을 단순화시킨 MP3
  (애플 아이팟)

32. 기술을 통해 다시 보라

A. 기술이나 컬러를 변화시킨다.

〈사례〉

- 멀티 탭의 전원을 소프트웨어로 차단
  한다.
- 스타벅스의 점포 디자인
  (밖에서 안이 보이는 인테리어)

33. 본질을 고수하라

A. 본래의 성질을 유지한다.

B. 상호 작용으로 객체를 비슷한 성질로 만든다.

〈사례〉

- 학생의 수준에 맞춘 학습 지도(눈높이 학습)
- 다기능 팀(CFT)에 의한 신상품 개발

34. 버리거나 다시 써라

A. 필요없게 된 부분을 폐기하거나 변형
   시킨다.

B. 낭비적인 요소를 제거한다.

〈사례〉

- 재활용품 가게(아름다운 가게)
- 재활용품 가게의 자원봉사자
   (아름다운 가게)

35. 속성을 변화시켜라

A. 디지털 시스템으로 바꾼다.

B. 유연성의 정도를 변화시킨다.

〈사례〉

- 직장인을 위한 e러닝 MBA 과정
- 게임 초보자인 성인 남녀 누구나
  이용할 수 있는 게임기(닌텐도)

36. 전체의 본질을 바꾸어라

A. 적극적인 시도로 성질을 변화시킨다.

〈사례〉

- 함평군의 '나비 축제'
- 물의 팽창력을 이용해서 바위를 깬다.

37. 요인을 팽창, 수축시켜라

A. 요소 간의 관계 변화를 확장시킨다.
B. 효과 있는 부분의 팽창을 자극한다.

〈사례〉

- 개인 블로그의 네트워크화(싸이월드)
- 투자 성향의 고객에게 펀드 상품을 판매
  (미래에셋)

38. 자극하라

A. 활성화 요소를 이용하여 환경을
활성화시킨다.

〈사례〉

- 총각들이 판매하는 재미있는
  야채 가게(총각네 야채가게)
- 재미있는 근무 환경 만들기
  (사우스웨스트 항공)

39. 안정시켜라

A. 현재의 환경을 비활성화된 환경으
로 바꾼다.

〈사례〉

● 빌 게이츠는 매년 1주일간 업무를
떠나서생각하는 싱크위크
(Think Week)를 갖는다.

40. 융합시켜라

A. 재료, 요소를 통합하여 새로운
결과를 만들어 낸다.

〈사례〉

● 민들레영토의 문화 카페
● 아날로그와 디지털 기술이
결합된 상품, 서비스의 등장

글 | 김영한

저자는 대학 교수가 되고 싶다는 생각으로 마흔 살에 삼성전자 임원직을 버리고 대학원에 입학했으며, 그로부터 12년 만에 국민대학교 겸임 교수가 되었다. 하지만 그는 35년 동안 일곱 가지의 직업(세일즈맨, 직장인, 컨설턴트, 강사, 경영자, 교수, 작가)을 거치면서 여러 번의 성공과 실패를 반복했다. 그는 이러한 경험을 살려 45권의 책을 집필했는데, 그 가운데 몇 권은 베스트셀러가 되었고 일본과 중국, 태국 현지에서 번역서로 출간되는 성과를 얻었다. 그에게는 두 가지 꿈이 있는데, 하나는 자신의 책이 미국 아마존에서 베스트셀러가 되는 것이고, 다른 하나는 자신이 개발한 기업 교육 프로그램을 해외에서 라이선스 형태로 판매하는 것이다. 그는 관료주의를 싫어하고 창의적인 것을 좋아하며, 새로운 것을 위해 실패를 기꺼이 감수한다. 그는 항상 머리가 가난하다고 생각하여 다양한 것을 배우기 위해 노력한다. 이를 위해 그는 매일 다섯 가지 이상의 신문을 보며, 인터넷 정보 검색을 생활화하고 있다. 그는 주말에도 출근해서 원고를 쓰며(오전만 그렇다), 글을 쓸 때는 볼펜을 사용하지 않는다(지울 수가 없어서). 그는 지하철을 세상의 통조림이라고 생각하기 때문에 자주 이용한다. 그는 채식을 즐기며, 영화와 오페라를 좋아하고, 하루에 한 시간 이상 음악을 들으면서 책을 읽는다. 그는 모차르트와 에디슨을 자신의 멘토로 삼고 있다. 그는 지금까지 2,000여 권의 책을 읽었으며, 1,000여 권의 책을 곁에 두고 있다.

카툰 | 최윤규

이랜드와 현대자동차를 거쳐 벤처기업을 경영하였고, 현재는 넥스트리인터넷(주) 대표이다. '좋은생각' 홈페이지, '삼성경제연구소(Sericeo)'와 경제 주간지 〈이코노미스트〉 등에 경영과 리더십에 관한 카툰을, 롯데그룹과 현대오일뱅크 등 기업체 사보에 혁신을 주제로 한 카툰을 연재하고 있다. 그는 영화로 강의하기, 상상력으로 강의하기, 사물을 거꾸로 보고 생각하는 것을 좋아하며, 1년에 100권 이상 독서하기, 아이디어가 떠오르면 일단 시작하는 것을 습관화하고 있다. 그의 목표는 10년 내에 대한민국에서 창의성 분야의 1인자가 되는 것이다. 저서로 〈리더가 넘어선 위대한 종이 한 장〉, 〈하늘에 계신 하지 말아라〉, 〈누구냐 넌〉, 〈예수와 함께 영화를 보다〉, 〈생각창조 교과서〉 등이 있다.

석세스 플랜

2008년 7월 1일 초판 1쇄 인쇄
2008년 7월 10일 초판 1쇄 발행

지은이 | 김영한
카툰 | 최윤규
펴낸이 | 계명훈
마케팅 | 함송이
펴낸곳 | forbook

디자인 | All Design(02-776-8762)
편집 | 바른기획
인쇄 | 미래프린팅
출력 | 타임출력

주소 | 서울시 마포구 공덕동 105-219 정화빌딩 3층
판매 문의 | 02-753-2700(에디터)
출판 등록 | 2005년 8월 5일 제2-4209호

값 12,000원
ISBN 978-89-960063-9-8   13320